# 案例研究

## 入门实用指南(第3版)

[美] 道森·R. 汉考克(Dawson R. Hancock)
[美] 鲍勃·阿尔戈津(Bob Algozzine) 著
李超平 徐世勇 杨付 译

# Doing Case Study Research
## A Practical Guide for Beginning Researchers
(3rd Edition)

北京大学出版社
PEKING UNIVERSITY PRESS

著作权合同登记号 图字：01-2018-8593
图书在版编目（CIP）数据

案例研究：入门实用指南：第3版/（美）道森·R. 汉考克，（美）鲍勃·阿尔戈津著；李超平，徐世勇，杨付译.—北京：北京大学出版社，2023.1
ISBN 978-7-301-33712-7

Ⅰ.①案… Ⅱ.①道… ②鲍… ③李… ④徐… ⑤杨… Ⅲ.①案例-研究方法-指南 Ⅳ.①C3-62

中国国家版本馆 CIP 数据核字（2023）第 030354 号
Dawson R. Hancock, Bob Algozzine
Doing Case Study Research: A Practical Guide for Beginning Researchers, 3rd ed.
Copyright © 2017 by Teachers College, Columbia University

All rights reserved. No part of this publication may be reproduced or transmitted in any form or by any means, electronic or mechanical, including photocopy, or any information storage and retrieval system, without permission from the publisher.

| | |
|---|---|
| 书　　　名 | 案例研究：入门实用指南（第3版）<br>ANLI YANJIU：RUMEN SHIYONG ZHINAN（DI-SAN BAN） |
| 著作责任者 | 〔美〕道森·R. 汉考克（Dawson R. Hancock）<br>〔美〕鲍勃·阿尔戈津（Bob Algozzine）　著<br>李超平　徐世勇　杨　付　译 |
| 策划编辑 | 徐　冰 |
| 责任编辑 | 李沁珂　徐　冰 |
| 标准书号 | ISBN 978-7-301-33712-7 |
| 出版发行 | 北京大学出版社 |
| 地　　　址 | 北京市海淀区成府路 205 号　100871 |
| 网　　　址 | http://www.pup.cn |
| 微信公众号 | 北京大学经管书苑（pupembook） |
| 电子信箱 | em@pup.cn |
| 新浪微博 | @北京大学出版社　@北京大学出版社经管图书 |
| 电　　　话 | 邮购部 010-62752015　发行部 010-62750672<br>编辑部 010-62752926 |
| 印　刷　者 | 北京宏伟双华印刷有限公司 |
| 经　销　者 | 新华书店 |
| | 880 毫米×1230 毫米　32 开本　4.625 印张　112 千字<br>2023 年 1 月第 1 版　2023 年 1 月第 1 次印刷 |
| 定　　　价 | 39.00 元 |

未经许可，不得以任何方式复制或抄袭本书之部分或全部内容。
**版权所有，侵权必究**
举报电话：010-62752024　电子信箱：fd@pup.pku.edu.cn
图书如有印装质量问题，请与出版部联系，电话：010-62756370

# 前 言

作为大学教授，给研究生讲定量与定性研究方法及写作课程，我们经常需要各类资源来指导学生计划和开展研究。本书是开展案例研究的重要指南。与本书之前的版本一样，这一版的重点仍是学习如何计划、开展和报告案例研究。我们的目标是提供详尽的结构、细节和指导，以便初学者掌握系统开展案例研究的方法。

本书第一部分介绍了科学方法（第 1 章　科学探索），以及科学研究的类型和程序（第 2 章　定性和定量研究）。在第二部分，本书介绍了选择开展案例研究的理由和情形（第 3 章　研究准备），并讨论如何寻找文献，为研究提供信息（第 4 章　确定已知的内容）。然后，本书描述了如何恰当地进行研究设计（第 5 章　选择一个设计），以及如何进行访谈（第 6 章　通过访谈收集信息）、观察（第 7 章　通过观察收集信息）和文档分析（第 8 章　通过文档收集信息）。在描述了如何获取数据后，本书讨论了如何从中获取有意义的结论（第 9 章　信息的总结和解读），以及如何呈现结果（第 10 章　结果报告）。第二部分末尾，我们描述了通过案例研究工作来验证、证实和支持所获得的结果的方法（第 11 章　确认案例研究结果）。本书的第三部分将重点集中在案例研究计划的组成部分（第 12 章　撰写案例研究计划）和发布成果的主要特征上（第 13 章　发布案例研究）。

按照本书介绍的步骤，所有研究人员都能够设计、开展和报告高质量的案例研究项目。为了便于理解，本书在每一章都提供了一些案例研究的实例，用来说明其中的关键概念。对于那些想要深入了解案例研究的读者，本书引用的其他案例研究文献可以作为进一步查阅的学习资料。最后，本书大部分章节都以实践例证、内容回顾和练习与应用结束，以帮助读者应用他们所学到的知识。为了帮助读者更好地理解，本书还提供了许多与案例研究相关的项目、活动、实例和情境，包括评估案例研究的新素材，以及在评价信度和效度时要考虑的因素。此外，本书还讨论了概念框架的贡献，以及博客、社论等非标准的研究发布形式。

## 主要特点

与案例研究有关的大部分图书，似乎都是为那些已经了解定性和定量方法的人写的。即使是专注于案例研究的书，也会让新手研究人员不知从何下手。这本篇幅短小的书将直接阐述案例研究初学者需要了解的方法，并通过以下方式一步一步来满足他们的需求：

● 本书语言浅显易懂，即使是不具备广泛研究方法背景的读者也很容易理解。我们的目标受众是案例研究初学者。

● 本书强调学习如何上手开展案例研究。从第一步判断是否应该采用案例研究开始，一直到最后一步发布之前的验证、确认结果，本书都是强调实际操作的。

● 本书从已经出版的经典文献中选取了大量例子，用来说明案例研究中的每一个步骤。

● 本书的每一章都以练习与应用作为结束，以此来强化读者在该章所学到的内容。
- 本书提供了一个详细的参考文献列表，用以补充书中的内容，并作为证据来证明书中的内容是基于现有的案例研究知识体系来构建的。
- 本书是作为案例研究的指南来创作的，学生和导师可以在论文写作或研究项目开展的各个阶段参考本书。

## 基本原理

作为学术生涯的一部分，攻读学士学位、硕士学位和博士学位的学生通常需要完成研究项目或撰写论文。对他们中的许多人来说，这是他们人生或职业生涯中唯一参与研究工作的机会，在如何系统地研究自身感兴趣的主题方面，他们特别需要也很看重实操性的指导。本书正是为那些希望获得规范的、一步一步的指导来开展案例研究的学生而编写的。

关于定性研究的理论和实践，学者们已经出版了很多图书——有些已过时，有些很经典，有些则比较新，可参见 Creswell（2012）、Ely et al.（1991）、Erlandson et al.（1993）、Flinders 和 Mills（1993）、Glesne 和 Peshkin（2015）、Hatch（2002）、Lancy（1993）、Lincoln 和 Guba（1991）、Marshall 和 Rossman（2015）、Mason（2002）、Merriam（2001）、Merriam 和 Tisdell（2015）、Miles 和 Huberman（1994a, 1994b, 2002）、Patton（1980, 1990, 2014）。这些图书中的大多数都只是对案例研究进行了粗略的介绍。其中有一些是关于案例研究特定方面的实用图书。例如，Galvan（1999）的 *Writing Literature Reviews: A Guide for Students of Social and Behavioral Sciences* 和 Seidman

(2012)的 *Interviewing as Qualitative Research: A Guide for Researchers in Education and the Social Sciences* 关注了研究的某些重要方面，但没有涉及案例研究的整个过程。有一些关于案例研究的图书和其他资源，如 Merriam（2001）、Soy（1997）、Stake（1995）、Yin（1994，2003，2014）等，它们涉及的理论多于实践，而且对案例研究的初学者来说，它们中的大多数都没有成功地抓住关键要点。

以上这些图书和资源中的内容与本书内容重复的并不多，可以说本书是对它们的重要补充。尽管其他书籍提供了关于定性研究和案例研究的各种方法的重要信息，但本书将这些方法中包含的信息整合成了一个简洁的操作指南，系统地阐述了完整的案例研究过程。

## 适用的课程

本书适用于任何介绍研究或研究方法的课程。本书主要是为研究生和其他刚开始独立开展研究的人编写的。案例研究是一个复杂的过程。本书既不是"傻瓜式的案例研究"，也不是介绍定性研究理论和概念的复杂教科书。本书旨在直接明了地向初学者介绍案例研究，而不会让他们产生畏惧心理。在一般的研究方法图书中，只会对案例研究进行简单介绍；在日益增多的定性研究图书中，也只会对案例研究进行笼统的介绍。本书希望能够填补对案例研究缺乏系统、深入的介绍这一空白。虽然本书是为刚开始学习论文写作或研究的学生设计的，但对于社会科学、医学或行为科学领域高年级本科生开展研究或其他形式的系统调查亦有所帮助。

本书虽然主要是为学生设计的，但对教师也同样具有参考价值。不少教师很少或没有正式参加过案例研究的培训，也没有案例研究的一手经验。他们一直在寻找简单、直接、可以用来指导学生独立开展研究，尤其是定性研究的资源。本书一步一步阐述了如何开展案例研究，因此会是学生及其导师共同开启案例研究的极佳指南。

# 致　谢

没有一本书是仅凭一个人的力量完成的。我们要感谢多年来帮助我们理解定性研究和案例研究的所有人。要特别感谢 Robert Yin，是他在多年之前点燃了我们对案例研究的热情；还要特别感谢 Jae Hoon Lim、Chuang Wang、Stephanie Coggins 和 Kendra Shaw 对更新与完善本书所提供的帮助。本书是我们俩紧密合作的成果，是我们集体智慧的结晶。

道森·R. 汉考克

鲍勃·阿尔戈津

# 目　录

## 第1篇　基　础

**第1章　科学探索** ·················································· 3
　　内容回顾 ······················································· 6
　　练习与应用 ····················································· 7

**第2章　定性和定量研究** ············································ 9
　　实践例证 ······················································ 13
　　内容回顾 ······················································ 14
　　练习与应用 ···················································· 14

## 第2篇　案例研究的步骤

**第3章　研究准备** ················································· 19
　　利用案例研究开展了哪些研究 ···································· 21
　　实践例证 ······················································ 38
　　内容回顾 ······················································ 40
　　练习与应用 ···················································· 40

## 第 4 章　确定已知的内容 ·················· 42
### 如何进行文献综述 ·················· 44
### 实践例证 ·················· 45
### 内容回顾 ·················· 47
### 练习与应用 ·················· 47

## 第 5 章　选择一个设计 ·················· 48
### 设计与方法的关系 ·················· 51
### 实践例证 ·················· 52
### 内容回顾 ·················· 58
### 练习与应用 ·················· 58

## 第 6 章　通过访谈收集信息 ·················· 59
### 实践例证 ·················· 62
### 内容回顾 ·················· 65
### 练习与应用 ·················· 65

## 第 7 章　通过观察收集信息 ·················· 66
### 设计说明 ·················· 68
### 实践例证 ·················· 69
### 内容回顾 ·················· 70
### 练习与应用 ·················· 71

## 第 8 章　通过文档收集信息 ·················· 72
### 文档的真实性 ·················· 74
### 从文档中收集信息时要回答的问题 ·················· 74

实践例证 ·································· 76
　　内容回顾 ·································· 77
　　练习与应用 ································ 77

## 第9章　信息的总结和解读 ·················· 79
　　设计说明：思考方法 ························ 81
　　实践例证 ·································· 81
　　内容回顾 ·································· 83
　　练习与应用 ································ 84

## 第10章　结果报告 ·························· 85
　　如何整合结果 ······························ 87
　　设计说明 ·································· 88
　　内容回顾 ·································· 89
　　练习与应用 ································ 89

## 第11章　确认案例研究结果 ·················· 90
　　实践例证 ·································· 91
　　内容回顾 ·································· 93
　　练习与应用 ································ 93

# 第3篇　汇　总

## 第12章　撰写案例研究计划 ·················· 99
　　引言 ······································ 99
　　文献综述 ·································· 100

  方法论 …………………………………………………… 100
  辅助材料 ………………………………………………… 101
  研究计划中的常见问题 ………………………………… 102
  内容回顾 ………………………………………………… 106
  练习与应用 ……………………………………………… 106

## 第13章　发布案例研究 …………………………………… 107
  引言 ……………………………………………………… 108
  方法论 …………………………………………………… 109
  结果 ……………………………………………………… 109
  讨论 ……………………………………………………… 110
  资源 ……………………………………………………… 111
  内容回顾 ………………………………………………… 112
  练习与应用 ……………………………………………… 112

**结语** ………………………………………………………… 114
**词汇表** ……………………………………………………… 116
**参考文献** …………………………………………………… 119
**推荐阅读书目及说明** ……………………………………… 125

# 第1篇 基 础

# 第1章　科学探索

每一天，我们都会问自己和他人大大小小的一些问题。动物学家可能会问："毛毛虫是如何蜕变成蝴蝶的?"教育工作者可能会问："为什么这个学生会有这样的表现?"经济学家可能会问："哪些因素会影响社会的经济福祉?"在美国，选民可能会问："谁最有资格担任我们的下一任总统?"虽然我们问题的类型和范围是无限的，但背后都有一个共同特征：希望找到答案。作为人类，我们迫切地想要知道：为什么事情会是这样的？当面对一个新奇或令人困惑的情境时，我们的本能倾向是了解事件发生的时间、地点以及人物、起因和经过。

从某种意义上说，我们所有人都是研究人员。研究就是我们试图理解周围世界时回答问题和提出假设的过程。当我们试图寻找日常问题的答案时，我们就是在开展研究。我们为了完成学位论文、正式发表的文章、有资助或没有资助的项目而开展的活动，就是正式的研究。正式的研究一般需要通过系统的工作步骤，来帮助研究人员提高研究结论的可信度。它涉及找寻数据的模式或不规则性，以及得到问题的初步答案，并反过来构成后续研究的基础。

出于某些原因，有时解答疑问并不像看起来那么容易。首先，作为人类，我们有时会用不同甚至不正确的方式观察事物。

观察同一事件的人，通常会以截然不同的方式将事件的细节联系起来，得出关于事件原因的不同结论。其次，我们经常过度简化我们周围的事物。为了理解某种现象，我们经常会将其简化为关键要素，导致最能代表该现象真实本质的丰富细节被忽略了。最后，我们有时无法找出或解释影响正在研究的情境的变量。例如，在得出学生的学习成绩不佳是因为懒惰的结论时，我们可能没有认识到学生有学习障碍或负面消极的家庭生活，或者她根本没有被有效地教授课程内容，而这些都会对她的课堂表现产生负面影响。

为了更好地解答重要问题，我们经常运用研究程序，并采用同行评议的方法来帮助我们得出合理、可信和解释得通的结论。研究涉及以下内容的确定：

1. 我们想要研究什么？（研究准备）
2. 为什么研究它很重要？（确定我们已经知道的）
3. 我们如何研究它？（选择研究设计方案）
4. 如何最好地获取信息？（从访谈、观察和文档中收集信息）
5. 如何最好地分析或解释我们获得的信息？（总结和解释信息）
6. 如何以及与谁分享我们的研究成果？（报告结果）
7. 如何验证我们的结论？（确认结果）

为了完成这些任务，研究人员设计了许多组织框架。组织框架可以被认为是路线图。路线图让旅行者有了从一个地方到另一个地方的可能性。虽然地图没有指定确切的路线，但你会尝试在没有地图的情况下驾车穿越一个国家吗？可能不会！

同样，研究人员也不应在没有组织框架的情况下启动研究项目。组织框架的建立为研究人员确定了研究问题的本质特征和获取答案的可能性。正如旅行者可以使用地图做出关于其路线的重要规划一样，组织框架也允许研究人员做出可能会在很大程度上影响研究本质的重要决策。因此，在开始研究之前，研究人员必须熟悉最重要的组织框架。

大多数组织框架都有其关键属性。虽然各种框架并不是相互排斥的，但每一种框架都有自己的基本特征。有一种很常见的组织框架，主要是关于研究结果的概化程度的，该框架区分了描述性研究和推论性研究。在描述性研究中，收集信息是为了描述特定群体，而无意超出该群体的研究范围。在推论性研究中，研究人员希望超出特定群体的研究范围，对更广泛的人群做出一般性陈述。例如，如果研究人员研究实习生的行为是为了记录他们在特定时间点的具体表现，这就是一项描述性研究；如果他的意图是选择和研究代表一般实习生群体的实习生，以便将他的发现概化到更广泛的人群，他就需要进行推论性研究。

另一种组织框架涉及研究实验的水平。真实验设计的特点是操纵一个独立的变量，并随机分配实验对象。比如，一名生理学家对运动对于学生学习成绩的影响感兴趣。具体操作时，可以将 30 名被随机分配到运动课程中的学生与未参与该运动课程的学生的学习成绩进行比较，这有助于确定运动课程是否会影响学生的学习成绩。真实验设计的替代方案是准实验设计，即操纵变量，但不随机分配实验对象。而非实验设计既不涉及变量操纵也不涉及随机分配。这三种设计识别因果关系的能力各不相同，从识别能力非常强（真实验设计）逐渐变化为识别能力差（非实验设计）。

基础研究和应用研究之间的区别是另一种组织框架。基础研究涉及对变量的考察，以构建或验证理论（对特定现象的解释）。相比之下，应用研究主要涉及解决现存的问题或困难。因此，基础研究有时被称为基于理论的研究，而应用研究有时被称为基于问题的研究。虽然这两种方法的要旨不同，但在实践中它们却相互重合，因为实践结果往往来自基础研究，而对理论的贡献往往来自应用研究。例如，研究人员开展一项基础研究，主要目的是证实 Bloom（1984）的掌握学习理论——一种用来解释所有儿童如何充分发挥其学术潜力的理论。在开展基础研究的过程中，他可能也在开展应用研究，即通过该研究帮助学区了解如何教育孩子以使其在学业上表现得更好。

最后一种组织框架将研究分为定量研究或定性研究。尽管许多研究都兼具了这两类研究的特征，但这两类研究的内在原则和活动规律让研究人员能够采用截然不同的方式来计划和开展研究。从本质上说，定量研究人员使用数据，通常以统计的形式来解释现象。然而，定性研究人员常使用文字来描述研究中的趋势或模式。但由于上面这些描述极大地简化了两类方法之间的区别，并且几乎所有研究都可以用这两类方法的特征来进行分类，因此我们将在下一章对这两类方法进行全面的阐释，并解释案例研究为什么更适合定性研究，而不是定量研究。

## 内容回顾

1. 为什么有些人认为我们所有人都是研究人员？
2. 为什么研究人员应该用组织框架来计划和开展其研究？
3. 研究人员最经常使用的组织框架有哪些？

## 练习与应用

1. 回想某一次,你和其他人观察了同样的情形,但是对其有不同的解释,或将该情形的出现归因于不同的因素。根据本章的内容,为什么会出现这种差异?

2. 回想过去一周你生活中出现的想要探索事件发生原因的三种情形。你可以使用哪种科学探究的组织框架来为每种情形做出解释?

3. 想一个你可能想要用案例研究来探索的主题。你对这一主题已经有哪些看法?哪种组织框架可能适用于你的研究?使用清单 1 来评估你的项目。

**清单 1　何时开展案例研究**

| 问题 | 是 | 否 |
| --- | --- | --- |
| 研究主题是想解决一个或多个问题,这些问题是否侧重于描述、记录或发现个人、群体、组织或现象的特征? | | |
| 以往的研究文献是否支持采用案例研究的方法来解决类似问题? | | |
| 研究的背景和时间框架是否支持采用案例研究的方法? | | |
| 是否可以获得数据来回答侧重于描述、记录或发现个人、群体、组织或现象特征的有关问题? | | |
| 数据收集程序是否可行,并已在研究计划中明确描述? | | |
| 是否有可能控制研究人员的潜在偏见? | | |
| 案例研究的数据收集策略(例如,参与者观察、访谈、实地记录、持续不断地再分析)是否适合,并与研究目的一致? | | |

(续表)

| 问题 | 是 | 否 |
|---|---|---|
| 与效度、信度和概化相关的技术充分性期望是否可控？ | | |
| 案例研究数据分析策略（例如，分类、重组、交叉检验）是否适合，并与研究目的一致？ | | |
| 从数据中得出的研究问题的答案和结论，是否能支持理论扩展和实践改进？ | | |

# 第 2 章 定性和定量研究

对案例研究初学者来说，一个特别有用的组织框架是了解定性研究和定量研究之间的差异。这两类方法之间的区别很大。在特定研究工作中，选择采用哪一类方法，很大程度上取决于研究人员的目标和偏好。为了帮助你理解这些方法，请参考以下例子。

假设某所大学的教师对该大学的政策和实践非常失望。学生抱怨的情况屡见不鲜，而且辍学率很高，士气低落。校长决定研究可能造成这种情况的原因。在研究正式开始之前，校长需要决定是采用定性还是定量的研究方法。若采用定性方法，校长可能会通过对学生进行访谈，或通过其他渠道获得信息的方式，来对问题进行解释。若采用定量方法，校长可能会查阅其他大学的统计数据，或收集和比较"校园气氛"调查及来自不同学生群体（例如，某些计划离开和某些计划留下来的学生）的离校原因的问卷调查的结果。各种因素都可能会影响校长决定采用哪类研究方法。

如果时间和资源有限，定量方法可能更合适。因为定量研究通常可以利用诸如调查和现存记录之类的工具，对特定的变量进行测量，比如从较大的群体收集学生失落原因的数据。这些工具通常能在较短的时间内获得有价值的数据，且投入的人力和物力也较为合理。相反，定性方法可能需要进行个体访谈、焦点小组、观察、审查现有文件或综合利用这些数据收集程序。尽管从这些来源获取的数据会产生丰富的信息，但要充分了解研究问题，还需要投入大量的时间和资源。

如果对某个问题知之甚少，但想要有较为深入的了解，那么定性方法可能更有用。典型的定量研究仅调查少数变量的影响，而定性研究则试图探索可能影响一种状况的一系列因素。因此，如果大学校长还没有发现导致学生不愉快的具体原因，那么他可能希望采用更全面的定性方法调查问题的一系列可能的来源，以便未来作为比较定量研究的基础。

如果能够参加研究的人员有限，则定量方法可能会更好。因为定量研究需要的参与者通常较少。相反，定性研究中特有的个体访谈和焦点小组，可能会因为研究对象的时间难以协调，导致整个研究工作进展缓慢。例如，如果大学校长的日程安排与学生的日程冲突，那么大学校长可能很难找到学生参与定性研究。

如果研究结果的使用者更喜欢文字而不是数字，那么定性方法可能是最好的。例如，具有较强失落感的大学生可能更需要研究结果对他们关注的问题进行详尽的解释，这种解释通常就是由定性研究而不是定量方法产生的。然而，一所大学的管理委员会可能更容易接受来自量化数据的结果，而不是基于感知、印象和表达的结果。

决定采用定性方法还是定量方法的另一个影响因素是研究人员与研究对象的关系。在定性研究中，研究目标主要是从研究对象而不是研究人员的视角来了解正在研究的问题。这被称为主位（Emic）或内部的视角，而不是客位（Etic）或外部的视角。一位大学校长通过学生的视角而不是他自己的视角来了解学生失落的潜在来源，可能会掌握更多信息。

值得注意的是，在定性研究中，由于数据收集和数据分析工作主要依靠研究人员完成，因此他必须在存在研究对象的环境中花费大量时间。相反，定量研究人员通常试图对其研究的实验条件保持"盲态"，以保证研究结果的客观性，并避免影响研究中的变量。因此，对定性研究感兴趣的大学校长必须愿意并且能够花费大量时间与学生互动，而以定量研究为导向的大学校长与学生互动的时间就可以少很多。

显然，定性方法和定量方法在许多方面都有所不同，每种方法都有其独有的特征。尽管根据研究问题的性质和研究人员的倾向，一种方法可能比另一种方法更合适，但两种方法并没有对错、好坏之分。在某些情况下，研究人员可能会在一项研究中同时采用这两种方法。

尽管定性研究的一般特征是相同的，但具体的定性研究类型之间仍存在差异。定性研究有哪些类型？它们有何不同？定性研究中的许多类型是从人类学、社会学、心理学、历史学、生物学和教育学等各个学科发展而来的。下面我们简要介绍常见的五种类型（Creswell，2012），尤其是案例研究，这是一种可以在多个学科中使用的定性研究方法。

现象学研究是定性研究的一种。这类研究针对特定问题或现象探讨少数人生活经历的意义。其基本假设是个体生活中有共有的本质或中心意义，而这些可以通过研究进行探索和解释。现象学研究会对不同人的经历进行分析，以描述一种现象的恒定结构，例如患癌症的人的共同特征或在大多数人中成为焦点的人的相同本质。

民族志研究是另一种定性研究，主要通过调查完整的文化或社会群体，以发现和描述构成群体行为、语言与互动的信仰、价值观及态度。这种方法主要依靠研究人员长时间沉浸在该群体环境中，通过自己的观察来得到调查结果。研究人员观察并记录群体成员的表现，以绘制该群体的文化肖像。

在扎根理论定性研究中，研究人员试图创建一种理论来解释某些行为、互动或过程。该方法主要通过研究人员来收集数据，并试图归纳出数据的意义。这种定性研究的产物是一种"扎根"数据的理论或解释。虽然一些理论提出了更正式的、包罗万象的解释，但扎根理论倾向于解释更具体的日常情况。

叙事研究是另一种定性研究，包括生活和口述历史，以及传统的、诠释性传记。在这种研究中，研究人员分析的是单个个体及其经历。研究结果主要来自研究对象的口头叙述，或与此人生活相关的文件和档案资料。研究目的是找到能真正揭示个体生活的重要节点，并以主题的方式呈现出来。

案例研究代表了另一种类型的定性研究。它们与其他类型的定性研究的不同之处在于，它们是对特定空间和时间范围内的独立个体或系统进行深入的分析与描述。在发表案例研究的期刊中，你通常能找到研究人员扮演案例中的决策者角色，并提出建议以解决他们所描述的情形中的问题的案例文章（决策型案例）；研究人员描述一个案例，然后对其进行分析、评估和评价的案例文章（描述型案例）。个人、事件或群体经常是案例研究的研究对象。通过案例研究，研究人员希望深入了解相关情况及其对相关人员的意义。Merriam（2001）认为，从案例研究中获得的见解可以直接影响政策、程序和未来的研究。

尽管案例研究在文献中得到了广泛的讨论，并且在实践中经常被使用，但很少有书籍对成功计划、开展案例研究和发布案例研究结果的具体步骤进行详细介绍。本书接下来的部分就填补了这一空白。

## 实践例证

定量和定性方法，包括案例研究，在社会学和行为科学研究中都有很悠久的历史。事实上，它们都被用来解决重要的研究问题，并在许多不同的学科中推动了理论和知识的发展。它们都从确定要回答的问题开始（基于已知的内容），并以得到对采用恰当方法收集的信息进行系统分析后的答案为结束。与每种研究方法相对应的总体研究传统的比较，请参见表 2.1。

表 2.1 总体研究传统的比较

| 定量研究 | 定性研究 | 案例研究 |
| --- | --- | --- |
| 研究人员确定感兴趣的主题或问题，选择研究对象，并设置程序以提供符合预定置信度的答案；研究问题通常表述为研究假设，并通过统计分析和检验来接受或拒绝这些假设。 | 研究人员确定感兴趣的主题或问题；研究人员从各种不同来源收集信息，他们通常是参与观察者，并对研究中获得的信息进行分析，揭示答案作为研究的结果。 | 研究人员确定感兴趣的主题或问题，确定适当的研究单元，并根据对案例的多个信息来源的仔细分析来定义已知的内容。 |
| 研究过程可能会因不同的调查背景和期望的概化而有较大的变动范围（例如，对校长如何管理时间进行问卷调查与对校长进行观察以确定他们如何管理其时间）。 | 研究过程旨在尽可能多地反映正在研究问题的自然、持续的背景；信息通常由参与观察者收集（积极投入、沉浸于或参与信息收集过程或活动）。 | 研究过程旨在通过系统的连续步骤，对案例进行仔细分析。 |

(续表)

| 定量研究 | 定性研究 | 案例研究 |
|---|---|---|
| 信息收集可能持续几个小时或几天，但耗费的时间通常较短；使用精心构建的测量工具，可以在研究中获得有效和可靠的信息。 | 信息收集可能会持续几个月或直到出现令人满意的答案为止；研究持续的时间范围，通常无法在研究开始时确定。 | 信息收集可能持续几个小时、几天、几个月，或者直到出现令人满意的信息为止。 |
| 研究结果的报告通常是说明性的，包括对研究问题的一系列统计结果。 | 研究结果的报告通常是叙述性的，由一系列"故事"或"书稿章节"来描述研究的关键成果。 | 研究结果的报告在本质上一般是叙述性的，由一系列对关键成果的说明性描述组成。 |

## 内容回顾

1. 定性研究和定量研究之间有哪些主要区别？
2. 在什么情形下，你会选择开展定性或定量研究？
3. 定性研究的主要类型有哪些？

## 练习与应用

1. 回想你可能决定采用定量研究方法的情形或事件。想一想你可能会采用定性研究的另一个完全不同的情形或事件。为什么你会采用该种方法而不是另一种？

2. 在本章，我们讨论了五种定性研究类型。哪些研究是这五种类型的典型代表？

3. 在第 1 章中你确定的研究主题可以如何通过定性研究来检验？哪种类型的定性研究最适用？

# 第 2 篇　案例研究的步骤

# 第3章 研究准备

许多人认为案例研究是对具有独特特征或症状的人的临床描述，以及用于帮助他们的治疗方法。然而，案例研究代表了更广泛的分析范围。开展案例研究意味着使用多种来源的证据，在其自然背景下对当代现象进行实证调查（Yin，2014）。案例研究的主题各不相同。例如，对项目、事件、人物、过程、机构、社会群体和其他当代现象都有已经完成的案例研究。有时，人们会将既不是调查、观察研究或实验研究也不依靠统计的研究统称为案例研究（Merriam 和 Tisdell，2015）。事实上，来自许多学科和许多范式（定性和定量）的研究人员将他们的工作称为案例研究，并且普遍对它的几个重要特征的定义表示赞同（Hatch，2002）。

首先，案例研究通常会关注在一个群体中有代表性的个体（例如，学校管理者）、一个或多个组织，或者一种现象（例如，特定事件、情境、项目或活动）。例如，学校管理者可能想了解在从传统的课程安排到长班教学（Block Schedule）转变时其所在的学区会发生什么（事件）；任教教师可能想探索影响其所在学校学生辍学的因素（情境）；护士可能想更多地了解其所在医院的雇佣准则（项目）；技术专家可能想深入地了解影响其所在企业软件采用决策的过程（活动）。这些现象代表了大多数案例研究的聚焦点，但并不相互排斥。

其次，现象应该在受空间和时间限制的自然环境中被研究。例如，管理者对长班教学的调查在特定时间内发生在特定学校系统中；教师对影响学生辍学因素的研究是建立在他所在学校的特定学年基础上的；护士将仅在其医院范围和特定时间段内分析其所在医院的雇佣准则；技术专家将把他对软件采用程序的研究限定在他所在组织自购买计算机以来的实践中。显然，背景在案例研究中很重要，它的好处是可以在天然且真实的环境中对个人或群体以及组织、事件、情境、项目、活动和其他感兴趣的现象进行深入调查。

再次，案例研究具有很强的描述性，因为它根植于丰富多样且有深度的信息来源。它采用主要研究对象的引语、轶事、原始访谈的叙述和其他文学技巧来创造心理图像，从而可以将研究现象中很多变量的复杂关系变得栩栩如生。例如，管理者通过学校出勤记录、期末成绩分数、焦点小组访谈和调查，来说明从传统课程安排到长班教学的转变。高中教师可以展示学生和他们的父母的陈述，来说明为什么有些学生会辍学。在案例研究中，护士可以用一个简短的故事，来举例说明其所在医院一贯的雇佣程序。技术专家可以通过举例，来阐述影响他所在企业软件采用决策方面的现有做法。因此，案例研究就是在案例发生的环境中探索和挖掘信息，以便对给定的研究现象进行更彻底的分析。

在其他类型的研究中发现的一些相似之处和不同之处也是案例研究的特征。例如，与实验研究相比，案例研究通常更强调描述，而不是比较或预测；也就是说，案例研究人员通常是在寻找特定行为和事件的主题或类别，而不是记录异同或检验假设。因为它涉及从多个来源收集和分析信息，例如，访谈记录、观察和文档分析，所以案例研究有时需要研究人员在研究环境中花费比其他类型的研究更多的时间。最后，与大多数研究一样，开展案例研究为研究人员创造了通过详细分析特定主题来探索问题的机会。开展案例研究意味着确定一个主题，利用多种信息来源在自然环境中进行深入分析。

## 利用案例研究开展了哪些研究

就像任何其他类型研究的主题一样，案例研究的主题千变万化。例如，与研究人员密切相关的历史或近期事件、情境和新的或现有的项目或活动，尤其是与他们的研究领域相关的主题，都是适合开展案例研究的领域。下面我们将给出一些示例，这些例子都是采用案例研究的方法对个人、事件、情境、项目和活动进行的一些研究。

### 个人

Chubbuck, M. S., & Zembylas, M. (2008). Socially just teaching: A case study of a novice urban schoolteacher. *American Educational Research Journal*, 45(2), 274-318.

该研究以一位开始在城市学校任教的年轻白人教师为例，探讨了情感与社会公正教学之间的相互影响过程。作者采用定性的民族志视角，并将他们的案例研究定义为"微观民族志"，其重点是了解群体中的单个成员、单个城市学校的新教师，而不是整个群体的经历。该研究包括四个维度的数据：对该教师的专业实践能力进行为期九周的观察、与她进行多次访谈、她的自我反思日志，以及她的学生的课堂作业样本。研究人员采用了归纳编码策略，从开放式编码开始，并通过多个数据集的不断比较，逐步形成类别、主题和初步假设。在采用归纳方法进行数据分析的同时，作者也承认了他们的理论框架——批判女权主义理论的影响，以及他们希望创造一个名为"批判情感实践"的新概念的学术意图。该案例研究表明，情感和情感协商对从事社会公正教学实践教师的专业发展至关重要。

McCormick, S. (1994). A non-reader becomes a reader: A case study of literacy acquisition by a severely disabled reader. *Reading Research Quarterly*, 29(2), 157-176.

该项使用纵向的、混合方法的案例研究详细描述了有阅读障碍的学生提升读写能力的过程和策略。该研究基于阅读和残疾的互动理论，认为读写学习的成功或失败是由外部因素以及学生的内部认知和动机因素共同决定的。该研究的案例主人公是一个来自中产阶级家庭的8岁半白人男孩，他在二年级和三年级之间进入了一家大学阅读诊所。他参加了为期12个学期的案例研究。数据收集过程包括观察（每周两次辅导课）、书面材料汇总（研究人员和导师的实地笔记）、正式且开放的访谈（与研究对象的母亲和现任任课教师）、标准化测试以及其他测试方式（每个学期非正式和正式的阅读测试）。由于该案例研究包括持续3.5年的干预计划，因此数据分析本质上是研究人员、干预计划的主管、阅读导师和家长之间建立共识的协作过程。该案例研究将研究人员的观察笔记与导师提供的案例报告进行比较和对照；将从持续3.5年的案例报告中发现明显的模式，之后再通过其他支持证据（例如，与教师的访谈，以及非正式和正式的阅读测试结果）进行验证或驳斥。这项研究通过提供一个描述性结论——结束在阅读诊所的诊疗后，一个不阅读的人的阅读障碍，将比严重阅读障碍者的程度更深——证实了读写互动理论的相关性。研究对象在诊所的帮助下，在阅读准备和动机方面取得了极好的成绩，且在整个过程中只有轻微和暂时的退步。

Peterson, J. S.（2014）. Giftedness, trauma, and development: A qualitative, longitudinal case study. *Journal for the Education of the Gifted*, 37(4), 295-318.

Peterson 的案例研究是定性的、纵向的、现象学案例研究的典范，该案例研究的数据收集和分析的时间跨度较大。在该研究中，Peterson 记录了一位天才女性的生活经历，并探讨了她在青春期和青年期（15—30 岁）的几次创伤经历与其发展轨迹之间的联系。研究人员在整个研究过程中收集的数据包括 15 年来多次的面对面访谈、对话、互动和书面通信记录，以及电子邮件；对与研究对象关系密切的几个人（例如，母亲、老师、丈夫、同事）的简短访谈，以及研究对象在青春期写的日记。Peterson 采用了归纳、整体和现象学的方法对数据进行了分析，并在很大程度上遵循了 Glaser 和 Strauss（1967）的恒定比较方法的步骤。研究人员还咨询了另一位天才文学领域的专家，让该专家作为第二读者，并根据与该专家的共识对研究对象的编码进行了验证。根据数据集中识别出的核心主题类别和模式，Peterson 得出结论，在研究对象克服童年创伤经历的一些负面后果后，产生了一种想要控制自己生活的无处不在的紧迫感，这对她的发展产生了至关重要的影响。

## 事件

Asmussen, K. J., & Creswell, J. W. (1995). Campus response to a student gunman. *Journal of Higher Education*, 66(5), 575-591.

该案例研究描述了一个学生试图向他的同学开枪的事件发生后，校园对枪击事件的反应。该研究提供了关于枪击事件的详细描述及其发生后两周内所有事件的列表，以及事件发生的城市、校园和建筑物的详细信息。该案例通过多种信息来源来探索答案，比如访谈、观察、文档和视听材料。从数据分析的结果来看，否认、恐惧、安全、恢复和校园规划是应该重点关注的问题。这些主题整合成的两个总体观点：组织的、心理的或社会心理的反应，为研究的分析提供了层次并对案例的意义做出了更广泛的解释。作者建议学校管理者和社区成员提前计划对校园暴力事件的反应，该研究总结了在制订这些计划时要关注的核心问题。

Stine, D. E. (1998). A change in administration: A significant organizational life event (Report No. EA029296). *Educational Management*. (ERIC Document Reproduction Service No. ED425509)

该案例研究了一位校长在加利福尼亚州南部经历的一所中学的转型。该案例通过对两名区级行政人员、两名现场行政人员、一名现场顾问、八名认证雇员（Certificated Employees）和四名分类雇员（Classified Employees）的访谈收集数据。本案例中的文字信息来源包括日记、观察、教师会议记录的文档分析、给员工的备忘录文件、对彼此的期望和教育领导力的声明，以及一份战略计划。该研究描述了校长的背景、他担任该职位的条件，以及他的沟通理念。该案例重点介绍了他采取的行动、制订学校行动计划的步骤，以及教师们关于学校转型的声明。研究结果表明，转型过程涉及五个主要阶段：（1）立足；（2）投入；（3）重塑；（4）巩固；（5）完善。评估组织并诊断其存在的问题、建立一支专注于达成共同期望目标的管理团队以及针对组织存在的问题及时进行改进对变革至关重要。

Benton-Kupper, J.（1999b）. Teaching in the block: Perceptions from within. *High School Journal*, 83, 26-35.

随着教育系统探索各种时间管理方法，非传统的教学安排（也称为长班教学）正获得越来越多的关注。该案例研究的目的是探索三位高中英语教师从传统的一天七节课（每节课45分钟）转变到一天四节课（每节课87分钟）第二年的经历。该案例通过访谈、观察和文档收集的方法从三位教师那里收集数据。数据分析涉及复核、编码、分类、整合和解释从数据源获得的信息。分析结果表明，教师们普遍认为长班教学可以产出更多样化的教学策略和更有深度的教学内容。研究结果表明，长班教学为让学生积极参与学习的教学策略提供了可能，并且调整课程时长可以让教师通过额外的材料、讨论和项目提供更有深度的内容。该研究结果对长班教学的课程、教学方式和教师成长具有一定的启发。

Preis, D. P.（2016）. An exploration of the experiences of a group of school leaders undertaking a systemic effort to eliminate the achievement gap in their high-performing suburban district（Doctoral dissertation）. Retrieved from ProQuest Dissertations and Theses.（Order No. 10061192）

虽然法律要求学区管理者对提高学区内表现较差的学校的成绩负责,但表现优秀的学校的领导者往往缺乏解决公平问题的经验或技能,这导致他们往往迟迟不去挑战能为所有学生带来改变的权力和特权。在该案例研究中,研究人员记录了一个郊区的经验,该区域已经在缩小成就差距方面努力了 20 多年。该研究的价值与意义通过从组织变革和社会公正理论视角对 11 位校区领导者遇到的挑战与教训进行的分析中呈现了出来。

**情境**

Hughes, M. (1998). Turning points in the lives of young inner-city men forgoing destructive criminal behaviors: A qualitative study. *Social Work Research*, 22(3), 143-151.

该案例研究了 20 名住在市中心的美国非裔和拉丁裔年轻人的生活,他们之前经常有破坏性的行为,包括暴力、非法买卖毒品和其他犯罪行为,但后来做出了积极的改变,现在他们正在为社区福祉做出贡献。研究人员采用深度访谈的方式,从他们最早的记忆开始分析了他们的生活历程。结果表明,促使他们做出改变的是个人和环境的转变。影响他们行为改变的因素包括变得成熟、学会重视和关心儿童、对身体伤害或监禁感到恐惧、在沉思和反思上花费大量时间,以及来自他人的支持和榜样的作用。该案例还讨论了他们的这些改变和影响因素对社会服务提供者、政策制定者和青年项目工作人员的意义。

Ladany, N., O'Brien, K. M., Hill, C. E., Melincoff, D. S., Knox, S., & Peterson, D. A. (1997). Sexual attraction toward clients, use of supervision, and prior training: A qualitative study of pre-doctoral psychology interns. *Journal of Counseling Psychology*, 44, 413-424.

该案例对 13 名准博士心理学实习生进行了访谈，内容包括谈论一次客户对其有性吸引力的经历、如何通过监督来解决性吸引力的问题，以及有关如何处理这种性吸引力的事先培训。结果表明，对客户的性吸引力包括生理和人际关系方面。受访者认为，对有性吸引力的客户，他们会比平时更加投入和关注。他们表示，性吸引力会造成距离感、分心并失去客观性。在监督方面，只有一半的参与者向督导员透露了自己关于性吸引力的经历，而督导员很少主动讨论这个问题。此外，受访者发现，若督导员将性吸引力正常化，并在督导过程中提供探索这种感受的机会，会对正确处理这种感受很有帮助。最后，受访者认为他们的培训并没有完全解决治疗师与客户之间的性吸引力问题。

Place, A. W., & Wood, G. S. (1999). A case study of traditionally underrepresented individuals' experiences in a doctoral program. *Journal for a Just and Caring Education*, 5(4), 442-456.

该案例研究旨在增进对大学博士项目中有色人种学生的理解。该案例对 11 名博士生分别进行了三次深入的半结构化访谈。第一次访谈是结构化特征最不明显的。在接下来的一年半中进行的两次访谈的结构化特征更加明显，以了解哪些领域在多个学生看来是与概念相关的。两名研究人员既有分工，又有合作，他们在反复分析初始访谈数据后，采用归纳法来确定主题。以下主题是两名研究人员一致通过数据验证后产生的：（1）教师最好具有不同文化背景，并需要阅读其他文化的作品；（2）当性别问题和种族问题分开处理时，女性认为性别问题更重要，并反对将女性区别对待；（3）多样性是多方面的，应该根据每个人的实际感受来处理;(4)学生们在进入博士阶段时,通常会产生忐忑不安和自我怀疑的感觉;(5)当学生开始在学术上取得成功时,他们会体验到更强的自我成就感,但并不认为读博士是他们最重要的自尊来源;(6)学生们相信他们的存在会影响他人;(7)有色人种学生与欧美同龄人的相似之处多于差异,但他们对博士项目多元化程度的看法会有所不同。

Herbert, E., & Worthy, T. (2001). Does the first year of teaching have to be a bad one? A case study of success. *Teaching and Teacher Education*, *17*, 897-911.

过去,研究人员通过关注新任教师第一年的失败经历,来帮助其寻找达成工作满意度和延续教学事业的方法。该案例根据对一位公立学校体育教师的观察和访谈,仔细研究了他在第一年教学中的成功经历。结果表明,职前教师准备、学校环境和社会环境等人口因素对任教第一年的教师的成功有很大影响。研究人员确定了三个主题:(1)同事之间关于期望、个性和工作场所的实际情况的互动交流;(2)人口因素的影响证据;(3)运用有效的技巧来管理学生行为以及在社会性和政治性的学校环境中工作。研究人员得出结论,教师的背景、在最初的教学准备期间的经验,以及工作场所的特征,包括教师对学校与学生的看法,对其教学绩效有影响。

Johnson, V. C. (2002). *Power in the suburbs: The myth or reality of African-American suburban political incorporation.* Albany: State University of New York Press.

该案例研究记录了非裔美国公职人员的比例上升,包括选举产生的与任命产生的,以及他们在马里兰州乔治王子县为制定教育政策而进行的长达 30 年的探索。乔治王子县从一个以白人为主的县转变为全美最大的富裕非裔美国人聚集地之一,这种转变体现了非裔美国人融入政治的新社会现象。该研究依赖于多个数据来源,例如,对非裔美国人社区和公民领袖的访谈、当地和社区报纸、公共档案数据,以及县内各种教育政策制定委员会、部门和委员会的公开会议记录。该案例报告描述了乔治土子县非裔美国人社区内部和外部因素之间的动态关系及相互作用。数据分析侧重于正在研究的政策类型及其对社区不同阶层的不平等影响,同时探寻非裔美国人社区内部、非裔美国人和白人政治精英之间,以及与社区外部政治精英之间的互动模式。总的来说,作者通过强调非裔美国人内部的阶级分化会影响他们在社区的代表性和政策利益这一事实,挑战了单一种族社区的传统观念。

Yang, S. C., & Liu, S. F. (2004). Case study of online workshop for the professional development of teachers. *Computers in Human Behavior*, 20, 733-761.

该案例通过分析指导与互动模式、教师对参与在线专业发展的态度,研究了在线工作坊在创建专业学习环境方面的成功。研究人员收集了 128 名参与者,以及他们与三名需要履行专业发展义务的资深小学数学教师的辅导关系的数据。数据收集过程包括对参与者发布的帖子的内容分析、研究助手对讨论和指导质量的评价,以及参与者对在线专业发展的态度的调查。研究表明,在线专业发展环境使参与者在情感和智力两方面都受益。尽管在在线环境中参与者之间的互动较少,但他们有积极的学习体验,在线环境也推动了教师的专业成长。最后,研究人员对未来的在线专业发展的技术设计提出了建议。

Currie, B. J. (2016). Black identity masked by "whiteness": A case study on blacks competing in tennis at the division I level. (Doctoral dissertation). Retrieved from ProQuest Dissertations and Theses. (Order No. 10090253)

正如作者在摘要中所述,该研究将个人经验与研究相结合:

我完成了一项关于黑人男运动员参加印第安纳大学-普渡大学印第安纳波利斯男子网球队的案例研究,同时也分享了我作为 I 级网球运动员的经历,并研究了以下内容:(a)黑人男性运动员的看法,以及田径运动如何影响运动员的自尊和抗逆力;(b)黑人男性对于代表少数黑人群体参加白人主导的运动项目的看法;(c)大学体育对运动员的校园参与度,以及与学生、教职员工和社区成员关系的影响。这些主题被用来帮助指导研究,并回答这个问题:"黑人男性运动员在以白人为主的 1 级体育机构参加白人主导的运动是一种怎样的体验?"

## 项目

D'Emidio-Caston, M., & Brown, J. H. (1998). The other side of the story: Student narratives on the California Drug, Alcohol, and Tobacco Education programs. *Evaluation Review*, 22(1), 95-117.

在对加利福尼亚州毒品、酒精和烟草教育(Drug, Alcohol, and Tobacco Education, DATE)计划进行大规模、全面评估的背景下,该案例研究旨在通过自然主义的方法,拓展学生对预防教育的认知。该案例研究采用恒定比较法,对 11 个高中、初中和小学的高危及蓬勃发展群体的 40 次焦点小组访谈进行了分析。结果表明，学生利用故事来理解预防教育，并区分"使用"与"滥用"的概念。高中生认为，只是单方面听到药物使用或滥用的故事，以及一味采取严格的开除政策会疏远最需要帮助的学生。研究讨论了以故事作为评估工具的意义，以及对药物使用预防政策的影响。

Bond, L. B., Jaeger, R., Smith, T., & Hattie, J. (2001). Defrocking the National Board: The certification system of the National Board for Professional Teaching Standards. *Education Matters*, 1(2), 79-82.

该案例研究了美国专业教学标准委员会（National Board for Professional Teaching Standards，NBPTS）的教师认证流程。研究人员通过对教师的课堂观察、反映教师能力的文档、对教师及其学生进行的问卷调查，以及对教师和选定学生的访谈收集了65名NBPTS认证教师的数据。研究发现，NBPTS认证教师在优质教学方面的表现优于非认证教师，并且这些教师教授的学生比非认证教师教授的学生对概念有更深入的理解。该研究提出了一个重要的问题：NBPTS认证是不是发掘美国最出色的教师和提高学生成绩的有效且节约成本的方式？

Howe, K., Eisenhart, M., & Betebenner, D. (2002). The price of public school choice. *Educational Leadership*, 59(7), 20-24.

该案例研究分析了科罗拉多州博尔德谷学区的招生计划所产生的影响。研究人员获取了该地区57所学校中的55所在6个学年期间关于公开招生、考试成绩、人口统计、资金和筹款信息的记录。此外，为了收集家长对学校招生态度的资料，研究人员首先通过电话访谈对校长进行了调研，然后与家长、选定的教育工作者进行焦点小组讨论,并进行了书面调研。校长、家长和教育工作者共计466人,分别来自43所学校。为了了解未参加公开招生且在学校不活跃的家长的态度,研究人员从8个地区随机抽取调研参与者,直到从每个地区都获得30份已完成的调研数据。他们对全部数据进行整合后发现,学校招生计划会加剧学校根据学生的种族、民族、收入、资源和成就进行分层的情况。

Lee, S.-H., Lee, J., Liu, X., Bonk, C. J., & Magjuka, R. J. (2009). A review of case-based learning practices in an online MBA program: A program-level case study. *Educational Technology & Society*, *12*, 178-190.

该案例研究了美国中西部一所州立大学的学生和教师对在线MBA课程中基于案例的学习实践的看法。具体来说,研究人员观察了在线环境的教学设计、便利化程度和技术支持水平。研究人员发现,基于案例的学习对学生来说是一种有益的教学方法,他们可以将所学知识应用于解决现实问题。该研究还表明,基于案例的学习在传递形式和课堂讨论方面,与传统学习方法的构建形式是类似的。研究结果表明,在线环境中基于案例的学习解决了使用多种技术工具推动在线学习便利化的问题,同时也提高了学生在在线环境中的参与度。

Grenier, R. S. (2010). Now this is what I call learning! A case study of museum-initiated professional development for teachers. *Adult Education Quarterly*, *60*, 499-516.

该案例研究了教育工作者参加博物馆暑期研学活动的原因,以及这些研学活动是如何推动教育工作者的个人和专业发展的。

人类历史的潮流：利用一手资源探索美国移民和社区（The Human Tide，HT），是一个为期 5 天的暑期研学活动，该研学活动提供了让教师与博物馆的研究员、策展人合作的机会；而黑手、蓝海：非裔美国人的海洋遗产（Black Hands，Blue Seas；BHBS），是一个为期 5 天的研学活动，该研学活动主要是让参与者了解非裔美国人在海洋历史上的重要贡献。在 2002—2006 年间参加过暑期研学活动的 20 名教师参与了该研究；访谈对象中，有 10 名参加了 2006 年 BHBS 研学活动的教师和 10 名来自 HT 研学活动的教师。该研究发现，教师参加此类研学活动的原因是其对特定时期的历史感兴趣，以及希望有机会与他人分享自己经验的渴望。该研究还表明，教师在研学活动中的经验，以及他们对博物馆教育和历史文化的批判性思考有助于成人学习及教育。

Miller, A. I. (2016). *A case study of middle school student, parent, and teacher perceptions of a peer mentoring program* (Doctoral dissertation). Retrieved from ProQuest Dissertations and Theses. (Order No. 10017546)

研究人员采用调研和问卷数据以及定性设计的方法来了解学生、教师和家长对实施该项目的看法。选择案例研究方法是为了更深入地了解参与者对在中学实施该项目的看法。大多数学生、家长和教师表示，该项目的实施为学生提供了积极的成长经历，也有助于其提高学业成绩、组织和管理能力，并增加了家长与学校的联系。

Conklin, H. G. (2009). Purposes, practices, and sites: A comparative case of two pathways into middle school teaching. *American Edu-*

*cational Research Journal*, 46, 463-500.

该比较案例研究分析了进入中学教学的两种专业途径及其对中学社会科学课程教师专业发展的贡献。该研究基于认知心理学的视角,认为教师学习是一种复杂的现象,需要密切关注学习过程中固有的影响和竞争因素。数据来源包括对学生的问卷调查、对两个衔接课程的观察,以及对选定的职前教师、讲师、合作教师、大学主管和项目主任的访谈。同时,该案例研究也对课程大纲和未来教师的课程计划等档案或文章中的数据进行了分析。数据分析综合使用了归纳和演绎编码的方式,并根据研究问题和理论框架得出初始编码方案。该研究的主要结论是,教师培育者的教学实践及其个人目标,无论是隐性的还是显性的,都是影响职前教师学习中学社会科学课程教学策略的因素。

**活动**

Rhoads, R. A. (1998). In the service of citizenship: A study of student involvement in community service. *Journal of Higher Education*, 69(3), 277-297.

该案例研究了高校学生的社会责任,重点关注教育在培养公民品德方面的作用。研究人员借鉴了约翰·杜威(John Dewey)的哲学成果,并采用与自然主义探究相关的方法和策略,利用多种方法收集数据,包括正式和非正式访谈、问卷调查、参与观察法和文档分析法。在收集数据的6年期间,共108名学生参加了访谈,66名学生完成了开放式问卷调查,200多名学生被纳入观察范围。数据收集完成后,研究人员对数据进行了反复分析,以确定重要且相关的主题。该研究探索的关键主题包括学生的自我探索、对他人的理解和对社会公益的看法。

Horn, E., Lieber, J., Li, S., Sandall, S., & Schwartz, I. (2000). Supporting young children's IEP goals in inclusive settings through embedded learning opportunities. *Topics in Early Childhood Education*, 20(4), 208-224.

该研究包括三个案例，旨在评估教师在包容性早期教育项目中，通过嵌入式学习的机会（Embeded Learning Opportunities, ELO）来支持儿童的学习目标达成的可行性。这些研究是在3个独立的包容性早期教育项目中进行的，它们分别位于3个不同的州，研究对象是4名残疾儿童及其任课教师。对ELO程序的分析包括评估教师的计划和实施过程、特定学习目标对儿童表现的影响，以及教师对ELO策略的看法。研究人员通过多种方法收集数据，包括采用严格的标准直接观察和对教师的访谈。结果表明，所有教师指向针对性目标的教学行为都明显增加，而孩子们在针对性目标上的表现也随之提升。该研究发现，教师之间在实施教学支持策略的一致性和频率方面存在明显差异。

Mueller, A., & Fleming, T. (2001). Cooperative learning: Listening to how children work at school. *Journal of Educational Research*, 94, 259-265.

合作和协作学习被认为是课堂学习的重要组成部分。然而，关于教师如何组织和引导儿童的小组学习经历，仍然存在许多问题。该民族志案例研究对29名以小组形式学习的6年级和7年级学生进行了为期5周的研究。数据包括6组儿童在11次工作会议中的录音、学生访谈、儿童的自我评价和绘画，以及研究报告。调查结果显示，在小组工作时，孩子们需要几段松散的时间来调整自己的状态，并学习如何为共同目标而努力。此外，研究人员发现,在专制领导的小组中,孩子们似乎会表现出不满的情绪,经常咄咄逼人,缺乏主动性;无领导小组中,孩子们也遇到了类似的问题:成员们似乎很沮丧,而且大部分工作仍未完成。与此形成鲜明对比的是民主的小组领导——允许小组成员设定自己的议程和优先事项的人,与其在一起的孩子们会显得更有生产力,满意度也更高,并在他们完成的工作中表现出较强的独创性和独立性。

Dickey, M. D. (2005). Three-dimensional virtual worlds and distance learning: Two case studies of Active Worlds as a medium for distance education. *British Journal of Educational Technology*, 36, 439-451.

目前,3D 虚拟世界正在成为为传统和远程(同步和非同步)学习提供独特机会的技术。该研究包括两个案例,探究了 Active Worlds(一个 3D 虚拟现实平台)在正式和非正式教育活动中的运用。具体而言,该案例研究描述了由 3D 虚拟环境提供的学习环境,并研究了在远程教育中使用 Active Worlds 的最佳方式。第一项案例研究包括对学生、教职员工和一个商业计算技能课程(非同步的正式学习环境)的设计团队的正式和非正式访谈。这项研究的结果表明,虚拟学习通过使用不同的功能可以促进学习者之间的协作,并为远程学习者建立一种场地感。第二项案例研究侧重于对入门 3D 建模课程中的学生及教师进行正式和非正式访谈,这是一种非正式的同步学习体验,允许学生创建原始的 Active Worlds 对象。在这项研究中,研究人员发现学习者被提供了带有各种互动方式的课程来支持情境学习。总体而言,该研究探索了利用 3D 虚拟世界促进协作、支持体验式学习和情境式学习的方式。

McSkimming, Y. R. (2016). *Virtual volunteering in social service non-profit organizations:A case study*(Doctoral dissertation). Retrieved from ProQuest Dissertations and Theses. (Order No. 10095802)

虚拟志愿服务是一项相对较新的活动,尤其是针对非营利组织社会服务的研究非常有限。该研究的参与者表示,他们对此知之甚少,并且不清楚他们是否会从中受益或采用它。该案例建议进一步研究虚拟志愿服务,并开发了一种在虚拟互动中捕捉意义和满意度的过程及方法,可供未来的研究和实践改进。

Chen, A. C. , & Rhoads, R. (2016). Undocumented student allies and transformative resistance: An ethnographic case study. *The Review of Higher Education*, 39(4), 514-542.

该案例研究了加利福尼亚州一所大型研究型大学的教职员工,他们致力于满足非法学生的教育需求。该研究重点关注教职员工倡议的活动,以及他们在社会政治和制度背景下的倡议活动的开展顺序。该研究是对一家机构(一所特定的大学)的民族志案例研究,且依赖于广泛的实地工作和组织分析。数据来源包括对员工、教师和学生的访谈,以及对参与者的观察和文档分析。该案例中,数据分析的特点是基于反复读取数据得到初始分析编码,然后将主题升华为概念范畴。作者以批判性种族理论和种族研究为基础,使用变革性抵抗的概念来阐述参与者倡议活动的意义。研究结果包括确定由学生激进主义激发的教职员工的参与度、承认矛盾和提高批判意识、制定更好的政策和战略来支持学生,以及推动与校外组织的合作。

Narushima, M. (2004). A gaggle of raging grannies:The empowerment of older Canadian women through social activism. *International Journal of Lifelong Education*, 23(1), 23-42.

该案例研究了加拿大"愤怒的奶奶"群体的社会行动主义运动,以及这种社会行动主义对老年女性的意义。该研究反映了女权主义的观点,借鉴了与性别相关的成人发展和赋权理论的文献。该案例的数据收集和分析包括两个阶段:(1)对1988—2000年间加拿大当地报纸上发表的40篇短文、116个网站和"愤怒的奶奶"歌曲集中的200首歌曲进行文档分析;(2)从2001年8月到2001年12月,对两个"愤怒的奶奶"群体中的15名女性进行了面对面访谈和参与者观察。该案例研究通过主题分析,从收集的档案和访谈资料中引出了共同主题。基于动机、策略和学习过程三个主题类别,作者得出结论,奶奶们的社会行动主义对她们自己(和整个群体)的影响比对公众的影响更大。

## 实践例证

表3.1和3.2列出了在案例研究的过程中常用的数据收集方法与程序问题。Creswell(2005,2007,2012)提供了关于案例研究与其他研究方法相比,在数据收集程序与其他程序方面有哪些异同的额外信息。

表 3.1　案例研究的特征和数据收集问题

| 特征 | 数据收集问题 |
| --- | --- |
| 研究一个过程、活动、事件、项目、个人或小组。 | 研究的是什么?(定义案例。) |

(续表)

| 特征 | 数据收集问题 |
|---|---|
| 管理员提供获取信息的权限，并为参与者获得信任提供至关重要的帮助。 | 与获得访问权限和建立融洽关系有关的问题有哪些？<br>（获得访问的权限，并建立融洽关系。） |
| 研究的是"一个案例"或"多个案例"，一个"非典型"案例或一个"变化最明显的"案例。 | 将研究哪些现场或个人？<br>（收集与目的一致的信息。） |
| 列出希望获得的素材类型的清单，例如文档和记录、访谈、观察和物证。 | 将收集哪些类型的信息？<br>（确定数据的界限。） |
| 用多种方法收集数据（例如，现场记录、访谈、观察）。 | 信息是如何汇总的？<br>（记录信息。） |
| 出现的与集中数据收集有关的问题。 | 数据收集难吗？<br>（解决具体领域的问题。） |
| 收集了大量数据（例如，现场笔记、复印资料、计算机数据库）。 | 信息如何归档？<br>（存储数据以供分析。） |

改编自：J. W. Creswell. (1998). *Qualitative inquiry and research design: Choosing among five traditions.* Thousand Oaks, CA: Sage.

表 3.2 案例研究中常用的程序

| 研究程序 | 在案例研究中的应用 |
|---|---|
| 定义研究目的、确定恰当的设计，以及明确研究目的与研究问题之间的关系。 | 问题的重点在于对"案例"或有界系统有深入的了解。需要了解事件、活动、过程或个人——也就是案例——是有边界的。 |
| 制订计划，以获得批准并获取访问研究现场和参与者的权限。 | 获得机构审查委员会的批准。使用有目的的抽样程序来确定研究现场，并明确案例的数据。找到能提供访问权的管理员。确定在现场要遵守的规定。 |

(续表)

| 研究程序 | 在案例研究中的应用 |
|---|---|
| 通过对现场的回顾、多种信息来源,以及合作来收集数据。 | 采用多种多样的数据收集方法(观察、访谈、文档)收集广泛的信息,包括视听材料和其他相关资源。 |
| 根据研究设计,对数据进行分析与解释。 | 审查数据以形成整体理解。对案例进行详细描述,并对描述的背景进行界定。明确案例的关键问题或主题。必要时进行跨案例分析。 |
| 准备好适合发布的研究报告。 | 报告侧重于描述案例,描述、分析和解释的比重可以不同也可以相同。报告强调客观性或主观性,包括对其他案例的偏见和概化。 |

改编自:J. W. Creswell. (2002). *Educational research: Planning, conducting, and evaluating quantitative and qualitative research.* Upper Saddle River, NJ: Prentice Hall.

## 内容回顾

1. 在案例研究中,经常研究的主题有哪些?
2. 案例研究有哪些特点?
3. "案例研究更多是探索性的而非验证性的"这句话是什么意思?

## 练习与应用

1. 找一篇描述某一事件、情形、程序或活动的案例研究的论文（本章没有讨论过的）。为什么这篇论文是案例研究的一个示例？

2. 找一篇案例研究的文章和一篇研究类似主题但采用另一种研究方法的文章。两篇文章有哪三点是相同的、哪三点是不同的？

3. 案例研究的特征如何适用于你自己的研究项目？你会在研究中强调哪些特征？

# 第4章 确定已知的内容

一旦你确定了将在你的案例研究中研究的主题,就应该通过回顾关于这个主题的现有文献,来确定关于这个主题已知和未知的内容。你回顾文献的目的是为研究建立概念基础,定义和明确该研究问题的重要性,了解其他人的研究模型以及设计的优势和劣势,并熟悉专家用来延伸该问题知识库的风格和形式。

第一,回顾现有文献有助于研究人员找到可行且重要的问题或假设。比如,对长班教学感兴趣的管理者可以将他的研究建立在评估他人对该课程安排方式看法的基础上,以及需要证明这种创新实践对美国青年所接受的高中教育方式是否有影响。关于长班教学的已知信息为长班教学实践的案例研究提供了基础。一位对研究影响学生退学的因素感兴趣的任课教师可能会发现一个理论,即当教师的教学策略与学生偏好的学习方式不匹配时,学生可能会辍学。因此,当这位教师研究其所在的学校时,他可能想了解学校教师现在采用的教学方式有哪些,以及这些教学方式如何影响学生的成绩。在另一种情况下,一名想要更多地了解雇佣准则的护士可能会通过对现有文献的回顾意识到歧视性招聘在其所在地区的医院中普遍存在。因此,他可能会决定将最初的案例研究问题聚焦在自己所在医院的招聘实践上。对计算机软件应用实践感兴趣的技术专家可能会从专业期刊中发现,企业通常是根据成本和可获得性而不是其实用性来选择软件的。有了这些知识，他就可以针对其所在机构选择软件的具体标准，向企业的决策者提问。了解已知和未知的信息有助于你明确研究主题的重要性。

第二，阅读现有文献有助于研究人员为自己的研究工作确定可能的设计方案和策略。例如，管理者可能会发现与他自己的观点和想法比较一致的，关于如何研究学校中的长班教学的报告。教师可能会发现，以往的案例研究成功运用了心理学的构想来解释学生辍学的原因。护士可能会从已经完成的研究中认识到，了解医院的雇佣准则最好是通过观察医院管理人员的实际行为，而不是查阅医院的书面雇佣政策。技术专家可能会从已有的研究中发现，查阅现有文档是了解所在机构采用软件包决策过程的最佳方式。研究文献有助于你了解在你之前其他人使用过的模型和设计的优点及缺点。这些信息对于规划你自己的研究很有价值。

第三，阅读他人的研究成果有助于研究人员了解写作及与他人交流自己的研究结果时的模式和流程。例如，管理者可能会找到一个只需稍做修改即可满足其需求的访谈提纲。教师可能会发现，关于学生流失原因的最有价值的信息可以在当地制作和传播的文件中找到，这些文件是以非研究型教育工作者可以理解的语言编写的。护士可能会发现，关于医院的雇佣准则最有用的研究结果可以在全国工会创建的专业期刊中找到。通过阅读与自己研究主题有关的材料，技术专家可能会认识到，专业组织的出版物提供了有关软件选择实践最权威的信息。了解已知和未知的信息，有助于你了解专家用来扩展该主题知识库所采用的风格和形式。

关于特定主题的文献，通常是由多名研究人员进行的独立研究整合而成的。尽管这些研究中的每一项都可以单独解释研究主题的某些方面，但有时这些单独的努力会被整合到同一个理论或概念框架中。理论的优势在于统一，并为看起来可能无关甚至矛盾的研究提供解释（Patton，2008，2014）。概念框架通常为正在研究的概念之间的关系提供了可视化模型（Creswell，2007）。理论和概念框架都可以用来帮助我们理解研究人员是如何思考与特定主题相关的变量和假设之间的相互关系的。案例研究的研究人员在构建研究问题和设计时，应该了解现有的理论和概念框架。

在案例研究中进行文献综述，意味着明确我们对研究问题已经有的了解，以证实其重要性和进一步研究的必要性，了解先前研究的优势和劣势，并确定已经充分研究和未充分研究的领域，以及研究它的方法。一旦明确了研究的问题和具体需求，就可以选择一种设计方法来引导你的研究。

## 如何进行文献综述

Galvan（1999，2009）为撰写文献综述提供了一个简单的指南，并提供了一些关键"方向"。

- 选择一个主题，并确定要进行综述的文献：
  - 确定合适的资料库、综述文章和经典研究。
  - 首先回顾最新的文献，然后回顾之前的文献。
  - 尽快确定已知的和未知的研究领域。
- 分析文献：
  - 采用统一的形式总结文章。
  - 寻找优势和劣势。
  - 从已有的文献中找出研究空白。

- 评判文献:
  - 总结研究的性质（例如，定量或定性，理论或实践）。
  - 明确研究对象，以及衡量变量的方法。
  - 明确需要解决的不足与局限性，以加强你的研究。
- 整合文献:
  - 避免"笔记式"呈现，努力呈现一个完整的知识体系。
  - 用标题来呈现内容。
  - 介绍和总结综述的每个部分。
- 记录文献:
  - 由笼统逐步转向具体的形式记录已知的内容。
  - 解释不一致的地方。
  - 用表格来比较、对比和总结已有知识。

## 实践例证

下面的实例描述了文献综述帮助指导研究过程的方式。

### 实例 1

为了指导他们所做的有关学校文化对于学校效率的影响研究，Rossman、Corbett 和 Firestone（1984）研究了来自四个领域的文献：人类学、社会学、组织理论和教育学。此外，这些研究人员还查阅了有关文化变革和转型的文献，其中一些已应用于组织研究，以及有关教育变革和创新的文献。这些领域的内容被用来确立了这样一种观点，即学校文化的变化可以被概括为进化的、附加的或变革的。进一步研究有关教育创新和实施的文献，有助于改善变革举措可能会影响学校文化的观点。随后，通过对成功的学校和其他类型组织的文献搜索，明确了存在于学校中的、意义结构正在经历根本性改变的五个重要领域。这些研究人员所做的工作说明，对教育领域之外文献的创造性使用有助于构建研究项目的数据收集框架（Rossman，1985）。

为了探索学生建言权在学校改进中的价值，Lodge（2005）研究了其他受民主教育影响的发达国家的文献。研究人员还分析了学生对童年的看法是如何影响其参与学校改进的。根据先前的研究，之所以需要研究学生的建言权在学校改进中的价值，是因为年轻人在学校改进工作中已经开始发挥作用。在该研究中，研究人员从先前研究的结果中识别并分析出了六个相互关联的要素，具体包括：学生参与度、对童年的看法、人权、民主教育、通过社会参与进行的公民教育，以及对学校改进的关注。研究人员不断强调为什么听取年轻人的意见很重要，以及年轻学生对童年的看法是如何在他们未来的学习中发挥重要作用的。该研究的文献综述明确了其在社会政策和教育方面的意义。

**实例 2**

Marshall（1981）在研究女性在学校行政工作中的不平等问题时，参考了以前研究人员的工作。随后，Marshall 打破传统，从成人社会化和职业社会化理论的角度考察了这一问题，具体包括招聘、培训和选拔的过程。凭借其所掌握的组织理论知识，即强调组织规范和非正式流程对招聘的影响，Marshall 创造了一个新的研究问题和不同的研究设计方式。因此，文献综述有助于确定研究的相关概念（例如，规范性、非正式培训），并形成初始的指引性假设。文献综述还通过对平权运动和性别平等问题的概述，明确了研究对实践和政策的意义。

Marshall（2004）再次回顾了以前的研究成果，以挑战教育管理领域对社会公平的研究。她从传统的教育视角对这一问题进行分析，发现有文献指出在种族、性别、社会阶层和其他差异方面缺少正规教育的问题。换句话说，研究人员通过分析文献，找到了先前研究中的"空白"。研究人员还注意到先前的研究建议教育管理者超越传统的观点，并以这些建议为基础解释了进一步研究该领域的必要性。文献综述在这方面又一次帮助研究人员明确了研究的相关概念，并形成了初始的指导性假设。

## 内容回顾

1. 为什么研究人员应该熟悉有关研究主题的现有文献？
2. 进行文献综述有哪些好处？
3. 文献综述如何影响一个人的研究？

## 练习与应用

1. 找到一篇使用案例研究的博士论文。文献综述部分使用的标题是什么？你认为论文的作者为什么使用这个标题？
2. 找一篇描述案例研究的期刊文章。你如何评估这篇文章中文献综述的质量？作者的文献综述是如何确定可行且重要的研究问题的？
3. 为了给你自己的案例研究项目做准备，你会阅读哪些文献？对这些文献的了解将如何影响你的研究？

# 第5章 选择一个设计

案例研究的设计或方法可以根据研究问题的类型、特征或学科方向来选择。一个人对某一特定研究设计的选择取决于他对某一特定研究问题的充分调查程度。在心理学、社会学、教育学、医学、法学、政治学、政府和商业领域研究人员的工作中，案例研究设计通常与它们衍生的学科背景有关。Merriam（2001）提出案例研究可以建立在**民族志**、**历史学**、**心理学**或**社会学**的方向上。案例研究设计也可以分为**内在性的**、**工具性的**或**集体性的**（Stake，1995）。案例研究设计的类型包括**探索性**、**解释性**和**描述性**（Yin，2003，2014）。

民族志设计是案例研究的一个方向。民族志案例研究起源于人类学，旨在探讨文化共享群体可观察和可学习的行为、习俗及生活方式的模式。民族志案例研究通常涉及与群体的长期互动，在此期间，研究人员需要置身于群体成员的日常生活中。这一努力的成果是获得对群体的整体描述，它结合了群体内成员的观点和群体外研究人员对群体功能的看法及解释。例如，研究人员可能对学校的文化或者对某一个年级或教室里的动态感兴趣。只要民族志研究（不管是关于校长办公室的还是幼儿园教室的研究）能提供有关独特文化背景的信息和见解，它就是成功的（Wolcott，1973）。

案例研究的另一个方向是历史学分析。历史学案例研究通常是对事件、项目或组织的描述，因为它们会随着时间的推移而不断发展。作为传统历史研究的延伸，历史学案例研究通常包括对主要参与者的直接观察和访谈。历史学案例研究并非只是按时间顺序排列的事件清单，它还包括了研究人员对事件的原因和结果的描述性解释。例如，学校管理者可能希望评估那些从废除种族隔离时代发展起来的学校。通过一项历史学研究分析，管理者可能会发现学校是如何形成的、最初几年的发展状况如何，以及随着时间的推移城市学校的重组发生了哪些变化。

研究与人类行为相关的心理学文献和实践在心理学案例研究中是很常见的。虽然个人通常是心理学案例研究的重点，但研究人员有时会使用心理学多年研究产生的理论和概念对组织、项目以及事件进行研究。例如，Piaget 提出的认知结构理论对课程和教学产生了巨大的影响。研究人员对老年学习者的心理案例研究可能会借鉴 Piaget 的理论，以帮助解释学习者参与患者教育或培训计划的原因（Merriam，2001）。

社会学案例研究中经常考察的主题包括家庭、宗教、政治、卫生保健、人口统计、城市化，以及与性别、种族、地位和老龄化有关的问题。社会学案例研究以社会、社会制度和社会关系为重点，研究有组织的群体中个人的结构、发展、互动和集体行为。从社会学的角度开展的教育案例研究已经探索了师生互动、中学社会结构以及公平问题和学生成就的影响（LeCompte 和 Preissle，1993）。

除了学科方向，案例研究设计还可以划分为内在性的、工具性的或集体性的。当研究人员想要更多地了解一个特定的个人、群体、事件或组织时，他们就会开展内在性案例研究。开展内在性案例研究的研究人员不一定会对检验或创建一般性的理论或将他们的发现推广到更广泛的人群中感兴趣。例如，当教师探究表现不佳的学生的课外活动，或者当护士调查当地医院新生儿重症监护病房中异常高的婴儿死亡率时，就可能会采用内在性案例研究的方式。

工具性案例研究设计的主要目标是更好地理解理论问题。当采用这种方法时，对于更深入地理解支撑该问题的理论解释来说，增强对所研究的特定问题的理解是次要的。例如，研究人员可能希望更好地了解大学生是如何获得技术知识的。尽管研究人员的主要目标是拓宽我们对技术学习过程和环境的理解，但是在此过程中他们可能也会对支持技术技能发展的具体教学实践产生一些见解。

最后，集体性案例研究试图在解决一个问题的同时增加文献基础，以帮助我们更好地概念化一个理论。集体性案例研究通常涉及开展一些工具性的案例研究，以提高我们对一些大型案例集合进行理论化归纳的能力。例如，研究人员可能会开展一系列研究，旨在探索构成 Gardner（1999）多元智能理论的七种智能之一。这些研究的结论可能会证实这一理论，同时也为人们在特定情况下如何思考和表现提供了见解。

案例研究设计的三种主要类型是探索性、解释性和描述性。探索性设计旨在明确后续研究的研究问题或确定研究程序的可行性。这些设计通常是进一步开展研究工作的前奏，涉及在确定研究问题之前的实地工作和信息收集。例如，在担任新职位之前，一位即将上任的企业高管可能会对企业的道德氛围开展探索性研究，以确定商业惯例通常是如何产生的。解释性设计旨在建立因果关系。它们的主要目的是确定事件是如何发生的以及哪些事件可能会影响特定的结果。例如，一名中学教师可以开展解释性案例研究，以确定影响学生课堂表现的家庭环境因素。最后，描述性设计被用来说明或解释在特定环境中某一现象的关键特征。例如，一名医院管理人员在接收病人时，试图获得医院急诊室接诊程序的详细说明。

当确定一个研究设计时，案例研究人员必须在制定研究程序和选择研究工具时关注有效性及可靠性的问题（Yin，2009）。对于所探究的主题（结构效度），什么是最佳的衡量方式？如何才能最好地建立起变量之间的因果关系（内部效度）？哪些因素可能导致研究结果的通用性（外部有效性）？在什么样的条件下可以重复开展一项研究并得到一致的结果（可靠性）？这些问题在确定案例研究工作中设计的质量和潜在有用性时非常重要。

开展案例研究意味着选择一个与调查的学科视角相匹配的设计。民族志设计用于研究目标群体的互动；历史设计关注随着时间的推移而变化的事件或项目；心理学设计被用于对人的行为进行细致的研究；社会学的设计被用于解决与社会、社会制度和社会关系中的广泛问题相关的案例研究。内在性设计关注特定的个人、事件、情境、项目或活动。工具性设计被用于更好地理解一个理论或问题。集体性设计通过整合个案的信息来理解理论或问题。确定好设计方法后，下一步是采用访谈、观察和文档等方法来收集信息。

## 设计与方法的关系

案例研究的不同设计或开展方式代表了对不同的方法和数据

来源的一般性假设。当然，任何方法都可以用在任何类型的研究中，我们在开展案例研究时经常采用多种方法，但是设计与方法之间的关系是规划一项成功的研究的基础（见表5.1）。

表5.1 设计与方法的关系

| 设计 | 方法 |
| --- | --- |
| 民族志研究是建立在第一手经验的基础之上的。 | 访谈[1]<br>观察[2] |
| 历史研究方法是建立在对记录、论文以及关于人、现象或实践的其他信息来源进行展示和解读的基础之上的。 | 文档分析[3]<br>访谈 |
| 心理研究方法是建立在个人经验和看待世界的方式之上的。 | 访谈<br>观察 |
| 社会学研究方法是建立在有组织的群体中个人的结构、发展、互动和集体行为的基础之上的。 | 访谈<br>观察 |

1. 有关访谈的信息，请参阅第6章。
2. 有关观察的信息，请参阅第7章。
3. 有关文档分析的信息，请参阅第8章。

## 实践例证

### 实例1：内在性

本段的实例描述了一个内在性案例研究，在该案例研究中，我们的重点是了解关于一个特定的个人、群体、事件或组织的更多信息，而不是检验或创建一般性的理论抑或是将研究结果推广到更广泛的人群中。Kalnins（1986）试图深入研究长期医疗保健设施的环境、过程和相互作用对居民生活观念的影响。通过案例研究数据收集的多种策略，Kalnins认为可以同时采用观察法和访谈法来获取数据,而产生的数据可以被用来证实事件、探索新的假设并对研究的进一步开展做出指导。她推断,这种方法能够识别关于复杂社会结构的日常行为和互动,从而实现其研究的主要目的——更好地理解长期医疗服务设施中的居民对日常行为和互动事件的看法。

### 实例 2:内在性

Varma(2002)试图深入了解为什么本科阶段的少数族裔女性很少选择计算机科学和计算机工程专业。研究人员在研究时采用了访谈法(结构化和非结构化),这有助于其深入调查问题的背景,而产生的数据也可以被用来探索新的假设。这种方法使研究人员能够通过识别日常行为和因素来达到研究的总目的:了解为什么少数族裔女性在本科阶段很少选择信息技术专业。

### 实例 3:工具性

该实例将描述一项工具性案例研究,该案例研究中研究人员希望更好地理解支撑一个特定问题的理论解释。在一项工具性案例研究中,Kincannon(2002)描述了大学教师为网络环境重新设计面对面课堂教学的经验。参与者是来自美国东南部的一家大型研究机构的教员。为了了解教职员工的普遍看法,参与者被挑选出来代表一系列有关远程教育和教学风格的经验及观点。该案例研究中数据收集的方法包括访谈、文档评阅、课堂观察和焦点小组。研究结果记录了网络技术对教师对于其教学角色、经验和工作环境的看法的影响。该指导性设计的支持作用在其他情境下也得到了检验。

### 实例4：集体性

以下实例不仅解决了一个问题，而且增加了有助于我们更好地概念化理论的文献基础。该设计包含了几个工具性案例，这些案例提高了研究人员理论化归纳大量案例研究的能力。Crudden（2002）采用了集体性案例研究的方法来检验视力受损者保留工作的影响因素。研究发现，计算机技术是一个主要的积极影响因素，而涉及打印的工作和技术类工作是大多数参与者的压力来源。定性数据的收集过程能深入了解视力丧失后仍在职人员的康复过程。这种方法允许读者从消费者的角度深入了解他们的康复过程。集体性案例研究方法能更好地解释一个现象（在上述例证中即工作保留），以促进对更多案例的理论化归纳。

### 实例5：民族志

以下四个民族志案例研究的实例涉及与一个群体的长期互动，在此期间研究人员需要置身于这个群体成员的日常生活中；这种方法会产生对群体的整体描述，它既包含了群体内成员的观点，也包含了群体外研究人员对群体功能的见解。据 Thorne（1993）记录，有一位研究人员定期访问了一所具有多元文化的公立小学，在那里她花了很长一段时间仔细观察和聆听孩子们在教室、操场、健身房、餐厅和其他缺少监督的地方的日常活动。她研究了孩子们在学校是如何感知到性别差异的。最后，在由其研究工作成果汇总而成的书中详细介绍了儿童群体之间的性别互动。

### 实例6：民族志

在 Adler 和 Adler（1991）的研究中，一男一女坐在挤满人的体育场内观看大学生男子篮球比赛。虽然很难将他们与其他热情的观众区分开来，但这些研究人员的确是在进行一项关于大学生男运动员社会化和教育的研究工作。参与比赛只是他们研究工作的一部分。他们还采访了运动员、运动员助理、啦啦队、运动员的女性朋友、媒体工作人员和教授，收集了与球队和运动员有关的新闻报道及其他书面材料。

**实例7：民族志**

在另一项民族志研究中，Pan 和 Thompson（2009）关注了美国东南部一所州立大学的教学设计团队的成员和团队特征。研究人员探索了团队成员和教员之间的健康关系，并观察了这种关系动态变化中明显的三个主题：（1）技能；（2）工作动机；（3）团队环境。研究结果表明，教学设计者的成长与生存机制促使他们不断地进行反思和主动学习并且表现出积极向上的职业态度。教学设计团队的团队文化是通过不同类型的领导和全体成员的合作建立起来的。研究人员为探索教师与教学设计者之间的关系提供了建议。

**实例8：民族志**

在该案例研究中，Hale、Gerono 和 Morales（2007）研究了将叙事和民族志方法以及写作过程相结合所产生的效果，以帮助教师了解不同文化背景的学习者。值得一提的是，在西北大学的一个硕士教育项目中，有10位教师参加了一系列包括叙事和民族志教育学、理论及方法论的课程。研究人员通过定性方法分析了教师的叙事和民族志案例研究，并探讨了这两种方法的共同主题。对教师参与者的研究集中展现了以下主题：（1）自我意识和他人意识；（2）对教育问题的感知；（3）倡导。在该研究中，研究人员将自身观点和教师参与者的观点相结合，来评估和定义群体的功能。

### 实例9：历史学

以下是一个历史学案例研究实例，它描述了研究人员对一个组织历史演变过程的起因和结果的描述性解释。虽然许多研究强调了美国企业在试图接受"绿色"营销导向时所面临的困境，但很少有研究探讨环保组织在推广其信息方面的尝试。在 Lankard 和 McLaughlin（2003）的历史学案例研究中，他们发现并描述了国家环境组织——荒野协会（The Wilderness Society，TWS）在 1964—2000 年间所使用的促进森林保护的核心信息。研究结果表明，TWS 在促进森林保护方面一贯运用市场营销元素，并且拥有发展和维系其信息连续性的战略方针。这一新信息帮助研究人员了解了美国一家领先的环保组织营销的历史与现状。

### 实例10：心理学

以下两个心理学案例研究了与人类行为相关的心理学理论和实践。Hook（2003）调查了关于一个臭名昭著的连环杀手的发展精神病理学研究项目的进展和始末。该项案例研究通过对发展阶段、俄狄浦斯情结（The Oedipus Complex）、本我/自我/超我的结构动力学的连锁叙述，概述了一个杀手的精神病理学的经典精神分析解释，因为它们都与杀手的犯罪动机有关。然后对这一主题和其他类似的规范化活动本身进行分析并批判，因为这些活动带来了多重的物质化、虚构化、淫欲和疏离化。为了解决这个问题，该研究列出了一系列关于心理学的知识创造中特定趋势的关注清单。

### 实例 11：心理学

Utsey、Howard 和 Williams（2003）提出了一种治疗性指导小组模型，用于帮助处于危险状态的美国城市非裔青少年减少他们的一些自毁行为（例如，吸毒、帮派活动、滥交、自残或其他暴力行为），并鼓励更多的社会适应行为。通过案例研究的方法，研究人员描述了这个小组模型的实施过程及其临床效用。研究结果表明，这种独特的、文化一致的方法在缺乏心理健康专业服务的人群中很有用。

### 实例 12：社会学

以下的案例描述了一些经常在社会学案例研究中被研究的主题（例如，家庭、宗教、政治、医疗保健、人口统计、城市化），以及与性别、种族、地位和老龄化相关的问题。

Salamon（2003）回顾了社会学家和人类学家对第二次世界大战后美国农村社区的整体描述。其中简要概述了三个社区案例：一个是缓慢衰落的农业社区，另一个是后农业社区，具有郊区化压倒农业化的特征，还有一个是拥有上述两个社区的综合特征的社区。作者指出，区域郊区化进程正在社会层面和物质上改变着美国农村，威胁着小城镇的独特性，而其多样性正是一种国家资源。他认为，地方依恋感和社区认同感的丧失对青年产生了特别的负面影响，随着父母的参与程度和成年人普遍的警惕程度的下降，青年的社会化已经变成了私有化。这些变化构成了农村青年的社区效应，这类似于城市社会学家大量记录的城市内青年的社区效应。Salamon 的结论是，小城镇应该全力抵制其所珍视的农业社区生活的一些重要方面的同质化。

## 内容回顾

1. 研究人员通常采用什么样的案例研究设计和方向？这些设计有何不同？
2. 研究设计的内在性、工具性和集体性的分类有哪些区别和相似之处？

## 练习与应用

1. 找出三篇描述案例研究的论文。论文中每项研究工作分别采用了什么设计？为什么作者会选择这种设计？
2. 历史学案例研究方向通常描述事件、计划或组织的演变。采用历史分析的方法来研究管理者（例如，学校、企业、非营利组织的管理者）管理时间的方法有哪些优点和缺点？
3. 哪些研究方向和设计可能适合你的案例研究项目？为什么？

# 第6章　通过访谈收集信息

在确定了调查的学科方向和设计方法之后，研究人员接下来会收集信息来解释研究问题。访谈是案例研究中一种常见的数据收集形式。通过对个人或群体的访谈，研究人员可以获得丰富且具个性化的信息（Mason，2002）。为了进行成功的访谈，研究人员应该遵循以下几条准则：

第一，研究人员应该确定情境中的关键参与者，他们提供的信息和观点可能会对研究问题产生重要的影响。参与者可以以个人或小组的形式接受访谈。个人访谈会产出大量带有个人观点的信息，但非常耗时。小组访谈形式利用了分享的机会来激发和创造新想法，这些想法在参与者单独接受访谈时很难出现；然而，小组访谈也会出现无法完全获取每位参与者的观点的风险。教师在探究学校学生流失的影响因素时，需要权衡对选定的学生、教师、管理人员甚至学生家长进行单独或集体访谈的利弊。

第二，研究人员应该制定一份访谈指南，有时也称为访谈协议（Interview Protocol）。指南会确定每位受访者会被问到的开放式问题的适当数目。这些问题的设计是为了让研究人员深入了解有关研究的基本问题，因此，针对一项特定研究的访谈问题的数量差别很大。例如，一名对其所在医院的潜在歧视性雇佣做法感兴趣的护士可能会向其所在医院的首席执行官提出如下的问题：

您希望您的员工具备什么样的资质?您如何确定为医院的该职位聘用了最合适的人选?医院是如何为少数族裔服务的?

第三,研究人员应该考虑面试的环境。虽然在自然环境下的访谈可能会增强真实性,但研究人员更可能会寻求一个私密、中立、没有干扰的访谈地点,以增加受访者的舒适感和获取高质量信息的可能性。例如,一位技术专家在研究组织的计算机软件采用程序时,会倾向于选择在一间独立的办公室而不是在同事面前征询公司管理人员的意见。

第四,研究人员应该选择一种记录访谈数据的合适方法。采用手录笔记的方法有时可以满足记录的需要,但这种方法缺乏对细节的把握,必然会导致有价值的信息丢失。记录访谈数据最好的方法就是对访谈过程进行录音。但在录音前,研究人员需要获得受访者的许可。访谈结束后,研究人员对录音进行抄录整理,以便与其他来源的数据进行更仔细的检查和比较。

第五,对于所有人类个体参与的研究,研究人员必须遵守相关的法律和伦理要求。受访者不应该被欺骗和受到任何形式的精神、身体或情感伤害。受访者必须提供知情同意书才能参与研究。除非法律另有规定,或受访者同意公开,否则从访谈中获得的信息应是匿名的、保密的。受访者有权结束访谈,并且在案例研究结束后接受研究人员的询问。

访谈可以采用结构化的、半结构化的或非结构化的方式。其中,半结构化的访谈特别适合于案例研究。采用半结构化访谈方式时,研究人员会事先准备好措辞灵活的问题,这些问题的回答为研究问题提供了初步的答案。除了提出预先确定的问题,采用半结构化访谈方式的研究人员还会提出后续问题,旨在对受访者感兴趣的问题进行更深入的探讨。通过这种方式,半结构化访谈允许受访者公开、自由地进行自我表达，从自身的角度来定义世界，而不仅仅是从研究人员的视角看待问题。

确认和接触到受访者是关键的一步。受访者的选择会直接影响到所获得信息的质量。虽然可接触性很重要，但这不应该是选择受访者的唯一标准。研究人员最应该考虑的是那些在研究环境中拥有最佳信息来解决研究问题的受访者。这些潜在的受访者需要愿意参与访谈，而研究人员也需要拥有能力和资源去接触受访者。

在进行访谈时，研究人员应该完成以下几项任务。首先，他应该确保受访者同意接受访谈，并说明匿名和保密的问题。其次，他需要和受访者一起梳理访谈目的、访谈所需的时间，以及访谈的后续安排——具体来说包括受访者将在什么时间、以什么形式收到这次访谈的研究结果。在提问时，研究人员应该提出开放式的问题（例如，在组织中什么因素导致了生产力的提高？），同时应避免是或否的问题（例如，你满意你的工作吗？）、引导性的问题（例如，你不喜欢你的老板多久了？）、多部分问题（例如，你如何评价你的同事和老板？）。最后，研究人员应该记住的是，在对受访者进行访谈的过程中应更多地倾听（Listening）而不是不停地与受访者交谈（Talking）。换句话说，研究人员应该尽可能少地发言，提供更多的时间让受访者发表他的观点。

在开展案例研究时经常会采用访谈法。表6.1和表6.2给出了一些访谈时可参考的指南。表6.1概述了如何计划和进行访谈。表6.2列出了需要避免的问题。通常情况下，关键受访者会回答被调查领域的一些焦点问题（例如，对教学排课安排的了解，学生辍学的原因，对就业实践的看法）。研究人员在访谈指南的指导下，选择合适的访谈环境进行访谈，以最大限度地提高受访者的反应能力。他们的回答可以用手写的方式记录或用录音笔录下来，以供访谈后的回顾和分析。在访谈过程中研究人员还需要注意不违反法律或道德规范。

## 实践例证

在过去的两年中，一个学区的31位校长和助理校长中的8位相继离职。一位案例研究人员（Case Study Researcher，CSR）对学区主管（School District Superintendent，SDS）进行了访谈，以了解他对离职原因的看法。CSR转录了录音中的访谈内容。下面是转录访谈的一部分。

时间：下午1：30，地点：主管办公室

CSR：再次感谢您同意与我见面。

SDS：十分荣幸。

CSR：正如我在电话中所说，我对您关于在过去两年中有几位学校管理人员离开您所在学区的原因的看法很感兴趣。

SDS：有很多原因导致他们离开……大部分都是可以理解的。

CSR：比如说呢？

SDS：有两位校长因为其他学区的工作机会而离开。其中一位获得了晋升，成为另一个州的负责人……另一位则在一所规模更大的高校内找到了一份校长的工作，在那里她可以赚更多的钱。这两个人都是优秀的员工，我很遗憾失去了他们，但我不会阻止想要升职的人……还有一位校长到了法定退休年龄，不得不辞职……他也是一名优秀的管理人员。

CSR：根据对这个地区的记录显示，还有另外五名管理人员也离开了。他们离开的原因是什么呢？

SDS：我以为另外只有四位离开了……我得调查一下。不管怎样，有一位校长退休了……我觉得有点早……我也不知道是因为什么……我想他只是厌倦了这一切。我还记得我们的一位助理校长离开学校去创业了……是关于计算机编程方面的创业项目。还有……嗯，让我看看，哦，是的……一位助理校长离开学校去生孩子了，后来就再也没有回来……

CSR：她为什么没有回来？

SDS：不是很确定……我也应该调查一下。我听说她在分娩时出现了并发症。

CSR：您提到您所知道的还有四位管理人员离开了。但您只说了三位……另一个人离开的原因是什么呢？

SDS：他有一些……那么，我该说……问题。他似乎对学校里的几位教师过于亲近，从而引起了别人的抱怨。起初我把他换到了另一所学校……想再给他一次机会。但他的这个名声似乎始终伴随着他，所以他最终还是离开了。

CSR：他的离职在多大程度上是自愿的？

SDS：完全是自愿的……他是位好校长……只不过在刚开始工作时没有表现得很好。

CSR：好的，我明白了。

表 6.1　如何计划和进行访谈

| 步骤 | 行动 | 举例 |
| --- | --- | --- |
| 1. | 列出你的研究要探索的问题。 | 从传统教学计划安排过渡到长班教学计划时发生了什么？ |

（续表）

| 步骤 | 行动 | 举例 |
|---|---|---|
| 2. | 将研究问题分解为可研究的子问题。 | 当采用长班教学时，教师有什么不同的做法？<br>当采用长班教学时，学生有什么不同的做法？ |
| 3. | 为每个子问题列出访谈的主题或条目。 | 1.1. 教师在实施长班教学计划时采用了哪些新活动？<br>1.2. 在长班教学的开始、中间和结束部分，教师们有什么不同的做法？<br>2.1. 学生们在长班教学中有何表现？<br>2.2. 学生们对长班教学有什么看法？ |
| 4. | 交叉引用每个研究问题的访谈主题或条目，以确保没有被忽视的地方。 | 为每个研究问题确定了两个主题。随着访谈协议的正式化，附加的话题可能会不断演变发展。 |
| 5. | 制定访谈结构和访谈指南。 | 结构：每位受访者将会在第一年的长班教学计划结束时被按一定顺序问到同样的问题。<br>访谈指南（以教师为例）：<br>● 你教书多长时间了？<br>● 你负责教几年级？<br>● 长班教学计划可以让你做哪些在传统日程安排中所不能做的事情？<br>● 在长班教学计划的第一年你做了哪些不同的事情？<br>● 长班教学计划的优点是什么？<br>● 长班教学计划的缺点是什么？ |
| 6. | 明确从每位受访者身上至少需要采集的信息量。 | 每位受访者将提供与个人相关的信息（问题1—2）以及对问题3问题4的回答；其他问题是可选的。 |
| 7. | 确认方案的适当性与充分性并进行访谈。 | 研究问题可以通过完整的访谈来回答。 |

改编自：J. Mason. (2002). *Qualitative researching* (2nd ed.). Thousand Oaks, CA: Sage.

表 6.2　访谈中需要避免的问题

| 类型 | 举例 |
| --- | --- |
| 1. 存在多个答案的问题 | • 你觉得你的老师和课程怎么样？ |
| 2. 引导性的问题 | • 从你开始在这里工作以来，你遇到了什么样的社会问题？ |
| 3. 无信息价值的问题 | • 你喜欢这门课程吗？<br>你喜欢这份工作吗？ |

改编自：S. B. Merriam. (1988). *Case study research in education: A qualitative approach*. San Francisco, CA: Jossey-Bass.

## 内容回顾

1. 为了进行一场成功的访谈，研究人员应该遵循什么样的准则？
2. 为什么在访谈前准备一份访谈指南很重要？

## 练习与应用

1. 找到一项通过访谈来收集信息的调查研究，访谈指南中会包含哪些问题？这些问题对于收集信息以解决研究问题有用吗？

2. 找到一篇通过访谈来收集信息的论文，其中问题的内容或设置是否可以得到改进？如何改进？

3. 在进行一个有关收集教授关于案例研究的知识水平信息的访谈时，访谈指南中可以包含什么样的问题？

4. 在你的案例研究项目中，你打算对谁进行访谈？在你的访谈指南中，你会为每位受访者列出哪五六个问题？你打算通过什么方式记录在访谈中获得的信息？

# 第7章 通过观察收集信息

案例研究中一个常用的信息来源是研究人员对研究情境的观察。与访谈不同,访谈有时依赖于参与者对事件可能存在的偏见观念和回顾,但案例研究人员对研究设置的情境的观察可能提供与研究主题相关的更客观的信息。实施有意义的观察需要技巧、实践和坚持。

进行观察时研究人员应该考虑以下五个因素:

第一,对于研究人员而言,最重要的因素是确定必须观察的内容,以便揭示研究问题可能的答案。例如,对长班教学计划的作用感兴趣的管理人员可以追踪几所学校在采用该方法之前和之后发生的纪律处罚的数量及种类。想要确定学生流失因素的教师可能决定去观察在教师实施不同的教学策略的课堂上学生的表现和成绩。对医院的雇佣准则感兴趣的护士可能想要观察人力资源总监面试几位不同医院职位的候选人时的场景。调查其所在机构的软件采用程序的技术专家可能会观察企业管理人员的会议,在会上对计算机软件的性能进行判断。

第二,与访谈指南类似,案例研究人员应该创建观察指南,该指南应列出在特定观察期内要特别注意的条目清单。该清单通常包括观察的时间、日期、地点,参与者的姓名、职位,与研究问题相关的具体活动和事件,以及对观察的活动和事件的最初印象与解释。

第三，案例研究人员必须完全掌控研究环境。抱着参与者可能会怀疑研究人员的预想，研究人员必须做好准备来解释研究开展的原因、方式和研究对象。为此，研究人员应该寻求参与者的信任，并努力使研究环境显得不那么唐突。

第四，研究人员必须清楚地认识与研究相关的个人角色和偏见。采用其他研究形式的研究人员试图与环境和活动保持距离，与他们不同，案例研究人员通常会沉浸于他们的工作环境之中。因此，如果不被清楚地认知和解决，这些研究人员固有的偏见和倾向可能会影响他们的活动开展及其对研究结果的解释。案例研究的研究人员必须积极地去识别和弱化其偏见的影响，以确保研究结论的公正性。

第五，案例研究的研究人员必须遵循所有关于参与者的道德和法律要求。美国联邦法律要求研究人员将风险降至最低，平衡风险与研究的潜在利益，并告知参与者相关的风险。与案例研究中接受访谈的个体一样，参与者必须提供参与研究的知情同意书，研究人员要保证它们的匿名性和机密性。参与者有权结束观察，并且研究人员在观察结束后应对其进行询问，以确保其没有受到任何精神、生理或心理上的伤害。

观察的方法在案例研究的课程中被频繁地采用。通常，观察结果能够给被调查的问题提供答案（例如，在长班教学计划期间教师采用的教学方法、辍学学生消磨时间的方式、不同就业实践的频率）。研究人员应撰写观察指南，并在选定的情境中进行观察，使收集数据的有用性达到最大化。参与者的反应被系统记录下来，以供后续查看和分析。当进行观察时，研究人员要小心，不要违反法律或道德规范。尽管观察法在案例研究中被广泛采用,但也可以采用其他方法来收集数据。

## 设计说明

观察笔记必须很详细。表 7.1 阐述了记录观察的两种方法。左栏中的笔记含糊不清,过于概括;而右栏中对同一观察的笔记则是详细且具体的。

**表 7.1　恰当和不恰当的笔记范例**

| 模糊且过于概括的笔记 | 详细且具体的笔记 |
| --- | --- |
| 当学生第一天上学时,他似乎感到不安。 | 这个小男孩一动不动地站在幼儿园教室的门口。他紧张地看着老师和他附近的孩子们。他的眼睛水汪汪的,上唇上有一滴汗珠。他紧抓住背包的左肩带,手指变得苍白。他两次张开嘴,好像在说话,却又什么也没说。当老师问他是否愿意参加课程时,他向后退了两步,摇了摇头。 |
| 在操场上,学生似乎放松了一点。 | 课间休息时,男孩突然从教室门口兴冲冲地跑到操场上的单杠旁。他在单杠上上下摆动了大约两分钟,然后跳到了地上。尽管仍未与任何人交谈,但他迅速爬上了滑梯最高的那级阶梯。在梯子的顶端,他突然放声大笑。那是那天他第一次大笑。 |
| 后来,学生开始进入学习状态。 | 中午,男孩选择了计算机课。他坐了下来,在没有任何人提醒的情况下,打开电脑。他的手抚过电脑、显示器和键盘,一分钟后,他转向老师,轻声问道:"您这儿有 Wonder World 吗?"当老师告诉他如何点击 Wonder World 时,这个男孩在剩余的时间内都专注于这个软件程序。有时,他会小声嘟囔一些表示欢乐和兴奋的口头禅,比如,哇、超级棒和真开心等。 |

(续表)

| 模糊且过于概括的笔记 | 详细且具体的笔记 |
|---|---|
| 在这天结束时，学生很开心。 | 下午2：15，男孩带着灿烂的笑容上了公交车。他和两个同学一起谈笑风生，并在公交车司机的笑话中大声地笑了起来。当公交车开走时，他猛地转向公交车窗口，兴奋地向老师挥手再见。 |

## 实践例证

### 实例1：写观察笔记的提示

改编自：Bogdan, R. C., & Biklen, S. K.（2003）. *Qualitative research in education：An introduction to theories and methods*（4th ed.）. New York：Allyn & Bacon.

- 立刻记录下来，不要拖延，因为时间越长，就越难以回想起重要细节和已完成的任务。
- 记录观察之后再讨论，因为记录观察之前讨论观察内容可能会使你对发生的事情的回顾变得模糊。
- 在不会分心的地方完成这项工作。
- 分配足够的时间去完成这项任务；如果在过程中产生疑问，则须分配更多的时间而不是更少的时间。
- 在观察开始时，用笔记和提纲去反映观察到的关键内容，并在完成任务时补充细节。
- 尝试按照事件发生的时间顺序来记录事件。
- 将你的想法通过你的笔记充分反映出来，并记录下来；如果有必要，梳理笔记时对观察内容进行充分的讨论。

- 如果你在记录时或完成后发现遗漏了某些内容，请将其添加到你的笔记中；如果你发现应删除或更改的某些内容，请删除或更改。
- 请牢记，内容翔实的笔记可以给你后期的研究带来巨大帮助。

### 实例2：观察指南问题的例子

改编自：Creswell, J. W. (2002). *Educational research: Planning, conducting, and evaluating quantitative and qualitative research*. Upper Saddle River, NJ: Prentice Hall.

- 参与者有哪些？情境如何？
- 是不是个体单独开展的观察？
- 是否确定了观察者的角色（参与者、非参与者或其他）？
- 时间、地点、观察的时长？
- 是哪种描述性观察（个体的描述还是情境的描述）？
- 有哪些反思（经验、假设、指导）？

## 内容回顾

1. 为什么观察是案例研究中最好的数据收集形式之一？
2. 为了更好地观察一个研究情境，研究人员应该考虑哪些因素？

## 练习与应用

1. 找到一篇采用观察法来收集信息的研究文章。这项研究中你观察到了什么？有哪些因素可以证明研究人员坚持开展了成功的观察？

2. 找到一篇采用观察法来收集信息的论文。观察会产生解决研究问题有用的信息吗？

3. 你会通过观察哪些情境来收集与你的研究项目相关的信息？在计划观察每个情境时，你可能会考虑本章中讨论的哪些观察因素？

# 第8章 通过文档收集信息

除了采用访谈法和观察法，案例研究的研究人员还通过经常梳理现有文档或创建和管理新文档的方式，从中收集与研究问题相关的信息。文档有多种形式，不同形式文档的用途也有所不同。细心的研究人员应从尽可能多的相关文档中收集信息。当计划使用文档收集信息时，研究人员应该思考：谁掌握着该信息？我需要它的哪些部分？在哪里能获取该信息？应该什么时候准备好该信息？如何收集该信息？文档分析的结果通常以叙述的形式汇总或整合到用以说明趋势和其他重要结果的表格中。案例研究人员查阅的文档包括从互联网上提取的材料、私有和公开的记录、物证和研究人员创建的工具。

网络资源的质量和可靠性参差不齐。尽管它们的外观和内容复杂性可能使互联网的许多网站看上去似乎是可靠的，但谨慎的研究人员在使用该网站的信息之前，应确定该网站的真实性和合法性。例如，技术专家可能认为从国家认可的技术机构的主页获得的信息比从当地技术公司的网页上获取的信息更加可靠。

私有和公开的记录是另一个潜在有用的信息来源。私有记录包含个人制作的能够反映该个体信念、态度和行为见解的材料，比如，私人的信件、笔记、日记和家庭照片。公开的记录是一些体现了信仰、态度和行为的文档，它并非只针对特定的个体。这些文档可能包括法庭记录、执照、出生证明、结婚证明和死亡证明。教师在调查影响学生流失的因素时，可能会发现某学生的日记内容能与当地警方的报告相吻合，这为该学生意外离开学校提供了解释的证据。

案例研究人员解决研究问题的另一个信息来源是物证。这类信息包括与调查案件相关的任何实体物件。例如，对医院潜在的就业歧视感兴趣的护士可能会将医务人员中的少数族群人数与监护人员中的少数族群人数进行比较。技术专家调查其公司软件采用情况时，可能会调查其同事最常使用的软件程序类型。研究学生流失原因的教师可以记录学生参加的课外学习活动和体育活动的数量及类型。

研究人员开发的研究工具通常为收集与研究问题相关的信息提供了一种有效的方法。这些工具可能包括对研究现象有洞察力的个体进行的实证调查、问卷调查和测试。这类文档的优点是，由研究人员创建的工具能被用来解决需要调查的具体研究问题。潜在的缺点是，这些工具主要通过自我评价来进行测量；研究表明，当人们参与实证调查、问卷和测验时，并不总是能客观地描述自己（Creswell，2012；Glesne，2010，2015；Glesne 和 Peshkin，2015；Hatch，2002；Marshall 和 Rossman，1999，2010；Merriam，2001）。

这四种文档——网络、私有和公开的记录、物证和研究人员开发的工具——不是相互排斥的。当单独使用其中一种或结合使用时，它们会提供丰富的信息来源，能补充通过访谈法和观察法收集到的数据。

文档分析是案例研究中被广泛采用的一种方法。如果你决定使用文档提供的信息作为研究证据，你就应该清楚地了解为什么这种方法是合适的（例如，可用信息能为你的研究问题提供有意义的答案）。你还应该有机会接触到关键的文档并制订完善的文档分析计划。将从文档中收集的信息与访谈和观察的信息相结合能为案例研究人员提供来自不同数据源的重要信息，案例研究人员可以对这些信息进行总结和解释以解决调查中的研究问题。

## 文档的真实性

Clark（1967）和其他学者对案例研究中文档的使用提出了如下问题：
- 该文档在哪里能找到？它有什么历史？
- 该文档如何获取？（公共领域、特殊考虑因素）
- 怎样保证文档的适当性、准确性和时效性？
- 是否考虑了文档的完整性？
- 文档是否有任何形式的改动？
- 该文档在其产生的条件和目的下是否具有代表性？
- 谁创建了文档，有何意图？（潜在的偏见）
- 用于创建文档的信息来源是什么？（一手数据、二手数据或其他）
- 是否有其他来源的信息可以证实文档中的内容？

## 从文档中收集信息时要回答的问题

当使用文档作为信息来源时，研究人员应该牢记以下几个重要问题：

- 能利用哪些来源（例如，书面记录、报告、图表）为我的研究问题提供答案？
- 如果使用文档，可以采用哪些类型的答案？（文字的或解释的）
- 如何从所有可用的信息中选择信息？（整体的或抽样的）
- 如何收集信息？（例如，完全复制和/或数据收集表格）
- 如何将文档表示为研究问题的答案？（例如，描述、分析或解释）
- 哪些道德风险与将要分析的文档是相关的？
- 如何解决道德风险？

Driessen、Van der Vleuten、Van Tartwijk 和 Vermunt（2005）在一项案例研究中检验了定性研究标准在投资组合评估中的应用。研究人员采用了五种定性研究的方法来保证研究信度：三角互证法（Triangulation）、长期参与法（Prolonged Engagement）、成员核查法（Member Checking）、审计跟踪法（Audit Trail）和可靠性审计法（Dependability Audit）。研究人员总共评估了233个投资组合；一年内导师至少审阅两次投资组合并提供反馈，这体现了长期参与法。导师还会与学生讨论学年末的建议（称为成员检查法），并将建议提交给投资组合委员会的成员。任何引起争议的投资组合都会被提交给投资组合评估委员会，并由外部审计师进行审查和记录以保证其质量。调查结果显示，学生和导师仅对3%的投资组合业绩持不同意见，总共只有9个投资组合被提交给投资组合评估委员会审查。29个投资组合最终是根据导师的建议修改的。总体而言，该研究表明，有一种评估程序可以判断投资组合评估的可信度。通过该文档，未来关于投资组合评估的定性研究标准的可靠性研究或许能够通过类似的或不同的评估委员会来处理。

## 实践例证

### 实例 1

Merriam, S. B. (2001). *Qualitative research and case study applications in education* (Rev. ed.). San Francisco, CA: Jossey-Bass.

如果你有兴趣研究社区学校中家长参与的作用,你可以通过以下形式查找公共记录文档:寄给家长的通知;教师、员工和家长之间联系的备忘录;有关父母参与的正式政策通知;学校公告栏涉及父母参与的内容;报纸和其他媒体对父母参与活动的报道以及学校中与父母出勤有关的正式记录。

一项完整的研究也可以完全基于私有的文档。Abramson (1992) 所开展的关于俄罗斯犹太人移民的案例研究就是完全基于他祖父写了 12 年的日记。有关波兰移民生活的一项早期著名研究很大程度上就依赖于欧洲移民和亲属之间往来的私人信件 (Thomas 和 Znaniecki, 1927)。其中的许多信件都是通过当地报纸刊登的广告获得的。

### 实例 2

Benton-Kupper, J. (1999a). Can less be more? The quantity versus quality issue of curriculum in a block schedule. *Journal of Research and Development in Education*, *32* (3), 168-177.

该案例研究调查了三名英语教师在从高中传统的每天七节课（每节课 43 分钟时间）向每天四节课（每节课 87 分钟时间）过渡的第二年的经历。该项研究解释了三个问题：（1）英语教师如何在长班教学时展现他们的教学策略？（2）英语教师是怎样为长班教学计划和准备的？（3）英语教师如何看待长班教学中所讲授的内容？数据收集的主要形式包括对每位参与者进行一次访谈，在得到许可的情况下进行录音。开放式问题主要侧重于前面所列的三个问题，并鼓励参与者深入讨论他们的经验。除了访谈，研究人员又对每位教师进行了两次观察，以便可以亲身体验课堂教学的开展方式。每次观察持续整整 87 分钟，研究人员的现场笔记提供了能用于验证在参与者访谈中收集的信息的原始数据。第三种数据收集的形式涉及从参与者那里获取文档，包括教学大纲、课程计划、作业和辅助材料，这些文档也能用于验证访谈的数据。

## 内容回顾

1. 案例研究人员能使用哪些类别的文档来获取解决其研究问题的信息？
2. 有哪些公开和私有的记录的例子？

## 练习与应用

1. 找到一篇使用文档来收集信息的研究文章。它使用了哪种文档去挖掘研究人员问题的答案？这些文档的实用性如何？还可以使用其他哪些文档？

2. 在针对大学图书馆使用情况的研究中，可能会使用哪些文档？

3. 在解决你案例研究项目中的问题时，你可能会使用哪些文档来收集信息？为什么从多个文档类别和多种信息来源来收集信息可能是有用的？

# 第9章 信息的总结和解读

在案例研究中,对从多个来源收集到的信息进行理解是一个递归的过程,即研究人员在整个调查过程中与信息进行交互。换句话说,不同于数据只在信息收集期结束时才进行审查的某些研究形式,案例研究涉及对数据进行持续的审查和解释,以便得出初步结论并细化研究问题。案例研究人员应遵循几项指导原则,这些原则将指导他们如何在开展案例研究的同时总结和解释收集到的信息。

**指导原则一**:根据调查早期获得的数据不断改进研究中的基本研究问题。例如,一位对导致学生流失的因素感兴趣的教师可能会从他所在学校课堂的初步观察中发现,严格依赖授课教师的学生辍学率最高。因此,他可能会将问题从"是什么因素导致了学生流失?"更改为"为什么在教师只授课的班级里学生流失率更高?"。

**指导原则二**:持续关注正在调查的研究问题。一项案例研究的研究人员可能难以应对从访谈、观察和文档中获得的大量信息。例如,一名护士在调查其所在医院的雇佣情况时,可能会得到300页的转录访谈数据,其中有几十页描述他所在医院观察结果的现场笔记,以及一些可能相关的物证。他控制由此产生的无力感的一种方法是不断地提醒自己研究中正在探索的基本研究问题。每一条新信息都应根据这些基本问题加以审查。

**指导原则三**：只收集和解释那些对研究工作可能有意义的数据。尽管过早排除潜在信息源可能会降低案例研究人员对案例中的问题进行完整解释的能力，但关注无关的信息同样会适得其反。例如，一位技术专家想要深入了解他所在公司的软件采用政策，他从对不同软件包供应商的访谈中可能无法得到有用的信息。因此，他不应该花费过多的时间来思考供应商的评价。

**指导原则四**：开发一种方法来标记、存储和获取在研究工作中获得的信息。作为最低要求，对收集到的每条信息都必须标明日期、地点、相关人员以及收集这些信息的环境。研究人员可能希望包含更多额外的信息，比如他对信息的最初解读。虽然建立一个全面的信息管理系统听起来简单，执行起来却很费力，但是如果没有这样一个系统，就会影响研究人员对案例研究项目中所积累的大量信息进行解释和处理的能力。

**指导原则五**：利用一切可用资源，对信息的收集和解释提供帮助。独立专家可以就所获得的信息提供有价值的指导和意见。计算机软件（例如 NUDIST、The Ethnograph、Atlas.ti）可能有助于案例研究人员对大量信息进行分类和处理。这些相对较新的程序的长期有效性还没有得到验证，但它们为研究人员提供了实用的工具。

开展案例研究的一个关键点在于总结和解释信息，以作为了解被调查的主题的基础。通常，这个过程涉及审查与二次审查研究问题和答案，这些问题和答案会随着分析信息的出现而演变。当收集到的信息引发新的问题时，案例研究人员会调整正在进行的和随后的研究方法及程序。同时，他们也会为了成功而努力，也就是说，把基础研究问题放在调查过程的最前沿。汇总和解释信息的本质有时也意味着把不太相关的信息放在一边,并开发一个管理系统来追踪所有使用或未使用的信息。

## 设计说明: 思考方法

图表可以提供一种方法来检查在整个研究过程中研究人员的思路是否完整。完成表9.1这样的表格可以帮助你专注于研究的方法论。

表9.1 案例研究方法示例

| 研究问题 | 我需要什么信息? | 我怎样收集这些信息? | 为什么这种方法是合适的? | 其他信息 |
| --- | --- | --- | --- | --- |
|  |  |  |  |  |
|  |  |  |  |  |
|  |  |  |  |  |

## 实践例证

### 实例1

我们建议使用一个系统性的程序来使现场记录和其他类型的数据的分析更易于管理。Berg(2004)提供了如图9.1所示的模型,作为内容分析过程的说明。

**图 9.1　定性分析阶段模型**

### 实例 2

在解读信息时什么是最重要的？通过对收集到的信息的不同组成部分进行量化，可以使分类和解释大量信息的任务更加易于管理。根据 Berg（2004，2008）的观点，以下元素可以被包含在大多数书面信息中。

**单词**：这是在内容分析中的最小单位。在确定特定单词或术语出现的频率时，对单词进行计数是最有用的。

**主题**：主题比单词更有用。在最基本的形式中，主题是一个简单的句子———一串带主语和谓语的单词。研究人员可以在每次提到一个主题时进行计数，也可以只是在一个段落或部分分析中将其记录下来。

**人物**：一个或几个人被提及的次数在某些分析中是有帮助的。

**段落**：作为研究的共同模式或线程，段落很难被量化，因此，计数段落这种方法很少被采用。

**条目**：在这种情况下，一个条目可能代表一封信、一次演讲、一个部分、一个日志条目，甚至是一次深入的访谈，这些条目都是有帮助的。

**概念**：这是一种更复杂的单词计数。例如，越轨的概念可能有几个与之相关的类似的词，如犯罪（Crime，Delinquency）和欺诈（Fraud）。

**语义**：研究人员感兴趣的通常不仅仅是所使用的单词的类型；相反，语义计数的重点常常被转移到一个词的积极内涵或消极内涵上。

## 内容回顾

1. 案例研究人员应遵循哪些信息收集和解释的指导原则？

2. 想象一下这样一种情形，你创建了几十页的现场笔记和一些访谈记录，但没有正确地标记和存储这些信息。你可能是遇到了哪些与信息解读相关的问题？

## 练习与应用

1. 找到一篇采用案例研究方法的论文,描述各种信息的来源。研究人员用了什么样的信息收集和解读方法?

2. 采访高校的一位研究人员,描述他的信息收集和解读方法。

3. 哪些信息收集和解读原则最适合你的案例研究?哪条原则是最难遵循的?

# 第 10 章　结果报告

　　案例研究人员对在研究过程中获得的大量碎片化信息进行整合，以便确定和报告有意义的结果。研究人员已经制定了完成这项任务的策略，主要与用于指导案例研究的学科定位和设计有关。尽管每种策略都具有其独有的特征，但大多数策略都有一个基本的共同过程：对收集到的信息的重复和持续审查以便识别频繁出现的模式、主题或类别。主题分析法通常是初学者的首选；通过采取这种策略，根据特定的研究问题对每一条新信息进行检验，以便对问题进行试验性回答，这些回答会被按照主题进行分类。这个过程将一直持续下去，直到所有可用信息都充分支持的主题出现为止。在此过程中，如果问题不具有信息支持性，案例研究人员可以选择去改进问题；如果问题具有信息支持性，则可以保留问题。对所有来源的信息进行彻底审查后，那些得到多数信息支持的试验性回答的主题将被保留并作为调查结果报告。

　　确定可以用来解决研究问题的具有信息支持性的主题是案例研究人员的一项重要工作。可以用几个标准来判断研究人员的主题在多大程度上准确和全面地呈现了在研究中收集到的信息。第一，主题必须反映研究目的并回答调查中的问题。第二，主题必须从对收集到的信息的详细分析演变而来。换句话说，研究人员所创建的主题必须全面参考研究中收集到的与研究问题相关的所有信息。第三，尽管主题有时是递进的和相互关联的，但初学者应该寻求代表独立和不同类别结果的主题；重叠或矛盾的主题通常表明需要进一步整合研究成果。第四，每个主题都应该如数据所支持的一样具体和具有解释性。例如，主题为"管理员青睐于可用且价格低廉但效率不高的计算机软件程序"比"管理员在采用计算机软件程序时使用无效标准"这一主题更具体和更具解释性。第五，主题应具有相对复杂性。例如，教师在学校探寻学生流失的原因时，所创造的相对复杂的主题可能是"许多学生因为对日常讲课的教师不满而辍学"和"许多学生为了赚取自由支配的金钱而放弃上学"。

尽管编写案例研究报告没有普适的模式，但某些共同的元素可以在大多数报告中找到。报告至少应阐明调查中的事件、情况、计划或活动以及研究工作受限的具体时间和空间参数。研究人员应该解释其与正在研究的内容之间的关系，以及在研究情境中产生的个人偏见。研究报告应反映与调查中的主题相关的文献，以及这些文献揭示研究问题的方法。有些因素，如研究的学科定位和研究设计以及影响研究中使用的信息收集策略的因素是必须要考虑的。与所有信息收集策略相关的详细信息，包括访谈、观察和文档审查，都应该得到解释。该报告应该具有充分且详尽的描述，并包括主要参与者关于阐明重要结果的陈述。另外，应阐明用于解释、报告和确认案例研究结果的策略。

在开展案例研究时，报告结果的主要特征是重复、持续地审查所获得的信息以确定被调查问题的答案。这一过程通常通过将信息分为代表研究的初步结果和最终结果的主题来进行。确定主题涉及一系列步骤，这些步骤以收集代表调查结果的发现而结束。案例研究报告反映了调查过程的各个方面，这个过程包括为了提炼有意义的信息而使用的综合性文本或说明性表格，以供结论的确认和发布。

## 如何整合结果

开展案例研究时，会从不同来源处收集到大量的信息。整合这些信息意味着结合、合并和总结结果。以下问题的回答可能有助于整合信息：

- 哪些不同来源的信息可以被整合到一起？
- 在同一来源中，哪些信息可以分组？
- 哪些条件有助于将信息分组？
- 由空间和时间限制的哪些实体是共享的？
- 各种信息来源是如何影响调查结果的？
- 什么信息与各种不同的结果都相关？
- 以前的哪些工作为研究结果提供了分析的基础？
- 本研究回答了哪些问题？
- 研究结果应如何概述？

案例研究结果也可以根据提供信息的来源（例如，人员、地点、事件）进行整合和呈现（常用的信息来源和示例请参见表 10.1）。

表 10.1　案例研究中使用的信息来源

| 信息来源 | 例子 |
| --- | --- |
| 人 | 个人，小组 |
| 地点 | 学校，运动场 |

(续表)

| 信息来源 | 例子 |
|---|---|
| 事物 | 工艺品,物体 |
| 事件 | 足球比赛,做礼拜 |
| 组织 | 美国医学会,教师教育者协会 |
| 文档 | 进度报告,年度评估 |

## 设计说明

以下这些标准改编自 Stake（1995）的案例研究报告评估清单，可能会对你定义、评估和撰写案例研究报告有所帮助：

- 报告中的文字是否易于阅读和理解？
- 报告中的文字是否衔接得很好，由句子组成的段落是否表达了整体的意思？
- 报告中用于组织内容（主题或问题）的标题中是否有明显的概念结构？
- 是否以严谨和学术的方式呈现出困惑或问题？
- 是否明确定义了案例，以便其他人从中概括、复制，或者两者兼而有之？
- 报告是否有故事感？
- 是否给读者提供了一种间接体验感？
- 是否有效而不是过度引用？
- 标题、图表、附录和索引是否被有效使用？
- 是否有证据表明该报告是经过仔细编辑的？
- 在注意避免对结果做出过多或过少的概括和解释的同时，

作者是否做出了合理的推断？
- 是否对研究的各个关键方面都给予了足够的重视？
- 是否提供了足够的信息来证明对调查结果和结论的信心？
- 信息来源是否经过精心挑选？数量、范围和内容是否得当？
- 是否有多种信息来源作为结论的基础？
- 研究人员的角色和观点是否显著？
- 受众的属性是否显著？
- 报告能否在多个视角下被运用？

## 内容回顾

1. 案例研究人员报告他们的研究结果时有哪些基本流程？

2. 应采用什么标准来确定一个研究人员的主题在多大程度上准确而全面地代表了研究中所收集到的信息？

3. 案例研究报告中通常包括哪些组成部分？

## 练习与应用

1. 查找一篇使用案例研究的专题论文，并描述该论文是如何报告研究结果的。

2. 查找一篇使用案例研究的期刊文章，并使用案例研究报告的评估清单（见前文）审查它。

3. 你的案例研究中出现了哪些主题？它们是如何衍生的？你实施了哪些报告结果的流程？你打算如何报告你的研究结果？

# 第 11 章 确认案例研究结果

完成了所有信息的收集、整合和报告撰写后，案例研究人员应在发布最终报告之前确认研究结果。确认研究结果的策略有许多种。案例研究人员应尽可能采用多种策略来确认结果。

也许确认一份报告结果最有效的方法是将研究的结果与研究参与者共享。这样做扩展了研究人员向研究参与者汇报情况的道德义务。从研究参与者那里获得反馈的目的是根据研究参与者自己提供的信息了解其对研究结果合理性的看法。

另一种方法是将研究报告交给其他熟悉案例研究目标及步骤的资深案例研究同行来审阅。他们为了找出可能会威胁研究结果可信性的矛盾之处，会系统全面地评判研究的步骤和结果。

还有一种相关的方法是征求专家对最终研究报告的审查意见。例如，一位研究本校学生流失情况的教师可以请其他与本案例无关的教师帮助分析报告的准确性、清晰度和意义。

第四种方法指研究人员应阐明研究场景中存在的个人偏见，以及如何减轻偏见带来的潜在影响。对偏差的承认以及对研究人员如何防止偏见影响调研过程和结果的解释，减少了研究人员被指控研究结果造假的可能性。

确认研究结果的第五种方法是展示研究结果是如何基于多种渠道的信息建立的，这一方法有时被称为三角互证法。从访谈、观察和文档获得的证据得出的结论，比那些仅基于一种或两种信息来源获得的证据更令人信服。同样，大多数案例研究人员通常将他们的发现与其他人的研究工作联系起来。

案例研究人员在大规模发布研究结果并进行回顾和做出反应之前，会对研究结果进行验证及确认。他们通过与研究对象、同事或研究领域的专家分享其工作成果来实现这一目标。他们还会坦白对研究话题的个人偏见，并解释在调研时如何对偏见进行控制。他们会采用多种方法来验证其研究结果。与用其他方法开展研究并报告研究结果的研究人员一样，案例研究人员通常将他们的研究结果与他人的研究结果联系起来，作为另一种确认结果和建立结果可信度的方法。

## 实践例证

### 实例 1

在一项涉及教师的个案研究中，Stake（1995）在一份报告草案中写道，他认为他的调查结果准确描述了教师的行为和语言。在进行"研究成员检查"的过程中，Stake 要求教师们检查原始报告的准确性和可接受性。这时，教师们发现这份报告是令人反感和尴尬的。因此，Stake 对报告进行了修改。

### 实例 2

在对投资组合可靠性进行评估的定性研究分析中，Driessen 及其合作者（2005）采用了多种检验可靠性的方法（包括三角互证法、长期参与法、研究成员检查法、审计跟踪法和可靠性审核法）。这些程序使研究人员通过与调研对象分享研究结果，以及让审计师或专家进行信息复核来确认研究结果。案例研究结果也要从多个来源获得。案例研究中使用的所有确认研究结果的方法都是至关重要的。

**实例3**

案例研究完成时，撰写汇总表格可以帮助研究人员和研究参与者确认及保存研究结果。一个典型的汇总表格包含的内容如下：

- 项目名称
- 研究时间段
- 伦理审批日期
- 研究人员确认
- 用以提供研究背景和研究正当性的文献
- 研究假设的描述
- 样本或研究总体
- 信息收集流程解析
- 研究结果
- 研究结果的解读
- 基于研究结果的总结和建议
- 研究过程中遇到的问题
- 研究局限性
- 成果的发布

## 内容回顾

1. 案例研究人员通常采用哪些策略来确认研究结果?
2. 从多种信息来源获取信息是如何帮助案例研究人员确认案例研究的研究结果的?

## 练习与应用

1. 找一篇应用案例研究的期刊文章,并描述文章是如何确认研究结果的。使用清单 2 评估该案例研究。(另见 Association for Educational Communication and Technology, 2001; Cobb 和 Hagemaster, 1987; Dereshiwsky, 1999; Rice-Lively, 1995)

清单 2　评估案例研究

| 阶段 | 关键特征 | 是 | 否 | 需要提高 |
|---|---|---|---|---|
| 定义和设计 | ● 研究聚焦于对现实情境中的一个群体、一个组织或是一类现象(事件、情形、项目、活动)中的一个人或几个人进行深度分析和描述。<br>● 对现有文献进行全面的分析和批判是明确主题及具体问题的基础,而具体问题主要通过回答"如何开展研究"及"为什么开展研究"来确定。<br>● 问题或主题是建立在一个清晰、实用、理论易得到、具有概念性或实践性的基础之上的。 | | | |

（续表）

| 阶段 | 关键特征 | 是 | 否 | 需要提高 |
| --- | --- | --- | --- | --- |
| 准备、实施和分析 | • 与研究问题和主题匹配的方法，是基于相似的调查得到的。<br>• 所收集的数据充分地解决了研究问题，并为回答特定的研究问题提供了清晰的基础。<br>• 研究具备可信性是建立在研究具有明确、描述良好的边界（例如，设置、参与者、过程）和技术参数的基础上的（例如，有效性、可靠性）。<br>• 对数据总结和分析进行了清晰的报告。<br>• 对预期的及无法预料的变化进行了完整的记录。<br>• 研究结果与数据匹配，并且为记录研究内容相关的新知识提供了清晰的基础。<br>• 研究具备可转移性是建立在使用多个数据源（例如，三角互证法）来处理调研问题和记录访谈结果的基础之上的。 | | | |
| 讨论、推理和总结 | • 研究人员的解释和推理过程，以及在研究过程中的个人经验是明确的。<br>• 可确认性在于研究有清晰的"内部逻辑"支持，该逻辑在目标和目的、方法、发现和结论之间是显著的；没有证据表明存在潜在的偏见（例如，过早或不恰当的结论，无法解释或接受替代性假设的结论）。<br>• 总结和讨论提供了清晰、有意义且有逻辑的解释和结论，并说明了与先前的研究、问题解决方案及未来研究的联系。<br>• 对先前的研究、调研问题的解决方案及未来研究进行了总结和讨论。 | | | |

2. 假设学校管理员正在对校内教师缺勤的原因进行研究，他向你询问如何提升案例研究的可信度。你会给他什么建议？

3. 哪些个人偏见可能会影响你的案例研究项目？如何克服这些偏见？还有其他哪些策略可以确认你的研究结果？

# 第3篇 汇 总

# 第12章　撰写案例研究计划

案例研究计划是一份正式文件，展示了最原始的研究观点。一般来说，研究计划的目的是建立研究的背景，展示研究的必要性，说明研究如何采用恰当的研究方法解决问题，以及表明研究过程不会对参与者造成伤害。在进行全面研究之前，研究初学者通常必须提交研究计划，让更有经验的研究人员看到他们打算如何向感兴趣的受众传达研究的基本原理和内容。在许多大学，研究计划是申报高等学位项目的研究生获批从事该研究的必要步骤。

虽然研究计划的内容和范围千差万别，但它们通常包括三个章节：引言、文献综述、方法论，当然还有相关辅助材料。研究完成后，研究计划的这些部分通常会成为论文的前三章。

## 引言

第一章通常从对研究问题的概述开始。研究人员提供了从观点、结构到实现研究目标的演变过程。本节将说明研究的范围和局限性，以及描述、澄清或阐述研究假设及特殊定义。范围指研究的范围，包括对正在调查的案例及其特征的简要说明。局限性是影响研究结果的因素,且通常超出了研究人员的控制范围。假设是关于研究的初步设想。引言这一章的该小节将研究置于这样一个背景下,即有充足的信心按计划完成研究,并坚信调研后问题会得到解答。正式术语的定义或对研究至关重要的结构被包括在一个简短的部分之前,研究人员会在该部分撰写在研究计划的第一部分已经提出的关键研究内容。

## 文献综述

在研究计划的第二章,研究人员通常会撰写文献综述的内容(例如,研究的理论基础或框架、研究的概念基础、对以往研究的总结)。这一章通常以分段的形式阐释研究的整体主题,并以对以往研究总结的形式结尾,从而证明研究的正当性。

## 方法论

研究计划的第三章包括对文章内容的简要描述。紧接着的一般是描写预备或探索性研究的章节。这一章主要包括对预期参与者、调研设置和计划的调研流程的描述,其中包括预计的信息收集和信息分析的方法。最后还会有一个简要总结。

案例研究方法使研究人员能够捕捉到不易量化的信息。这种方法与其他方法的不同在于,它采用的是在自然环境下全面收集信息的方法,以及带有目的性的抽样技术。下面是案例研究计划中对案例研究方法进行总结的方式:

研究人员将对单亲家长进行开放式访谈，以听取他们独特的观点，并从独特的角度出发，了解他们的亲子关系。每位调研对象将被进行一次约90分钟的访谈。访谈将被录音及抄录为副本，以便将信息归类为编码方案。抄录的副本长度大约为20到30页，以便对访谈信息进行综合性分析。研究人员会对抄录的副本信息进行归纳及迭代性的阅读和反复阅读转录，使得信息分析可以被划分为子类别，这些子类别分布在三个有趣的研究领域内：(a)父亲的观点和角色；(b)母亲的观点和角色；(c)两类单亲父母之间的差异。研究陈述将被划分为小单元，并依据常用的类别标题进行分组、分析和汇总。子类别的合理性将利用新的信息来检验，直到所有相关的信息被分到同一类别中。通过这种方式，我们可以确定共同编码，还可以确定调研参与者之间的差异。确保信息分析可信度的措施还包括：(a)进行评价者间可靠性编码检查；(b)揭露可能会扭曲研究人员观点的偏见；(c)将本研究获得的结果与以前发布的研究结果进行比较。（摘自Lehmann,1998, pp. 130-133）

## 辅助材料

参考文献、附录和研究项目许可通常是构成研究计划的最后部分。研究人员应在参考文献部分列出相应的文献来源以及文中引用的所有来源。这与一般的参考书目不同，一般的参考书目反映了研究中使用的资源列表。例如，你可能在撰写研究计划的时候用到了某本书，但你并不需要将该书列入参考文献中，除非你具体引用了该书中与你的研究相关的某些方面的内容。参考文献是研究计划里引用的文章，而不是所有可能用来撰写研究计划的文章来源，包括文书单独的附录、访谈大纲、信息收集表单和程序，以及你打算用于研究的书面材料。由于所有涉及人的研究都必须经过研究伦理委员会的审查和批准，因此大多数研究生项目需要在研究计划得到批准后才能开始，这往往需要单独准备一份简短的研究描述。研究计划得到相应委员会的批准后，研究就可以开始了。

## 研究计划中的常见问题

### 引言

**1. 有没有一种简单的形式来表述引言章节中应包含的内容？**

引言部分的最佳展开方式是回答以下关键问题：

- 研究的目标或待解决的问题是什么？
- 为什么研究目标或解决这个问题很重要？
- 关于该领域我们已知的信息是什么？
- 我们需要掌握哪些内容才能增加对该领域的了解、实现研究目标和解决研究问题？
- 你计划如何实现目标或解决问题？

你的工作是说服读者，你将以你所选取的方式解决一个非常重要的问题。

**2. 在定义部分我应该如何对术语进行定义？如何将我的定义与相关研究联系起来？我定义的术语可以帮助人们获得更多的信息（例如，城市学校的定义），尽管我不知道人们关注的定义**

有哪些。

通常，定义只针对研究中的特殊术语。它们是对研究核心结构的正式、操作性的描述。例如，对城市学校（或其他任何术语）来说，如果你对它的定义出于某种原因与大多人的定义不同，或者你的定义对大多数人来说代表特殊含义，这时你才需要定义它。（例如，North Carolina ABCs 就需要一个定义，因为此时该术语与大多数人所理解的 North Carolina ABCs 并不一样。）

**3. 假设部分是否必要，以及假设部分应如何撰写？**

假设部分并不是必须存在的。假设是对研究参数、研究案例、研究工具等的初步设想。研究人员通常会通过这一部分来描述研究将会按照计划完成，以及经过调查后研究问题会被解决来获得信心。例如，我们可能认为调查是收集信息的最佳方法，因为该领域中的许多研究都是通过调查完成的。或者我们在调查辍学率问题上，可以将学生、家长和教师包括进来，因为在研究学生辍学原因时仅考虑一个因素而没有考虑其他因素是不充分的。

**4. 研究总有限制和界定吗？仅有一个还是两者都有？我看过许多不同的论文，它们对此的设置也不同。**

仅包括限制或界定，或是两者都包括，取决于你要介绍的研究的具体方面。界定指研究的参数，比如对研究个体及其简要特征的描述这类信息。在这一部分会介绍可以进行一般性操作的群体。界定定义了研究人员决定做什么（例如，出于什么原因选择这些研究对象）。限制指可能影响研究结果的因素，且通常超出了研究人员的控制范围。在这一部分会描述研究的限制条件以及限制性缺陷。这些因素在研究完成后有时会显露出来。当重点关注这些功能特征时，你应该解释你的研究之所以做出限制和/或界定的理由，并描述对于这些限制和界定可能带来的负面后果的解决办法。

**文献综述**

**1. 有没有一种简单的形式来表述文献综述应该包括哪些内容？**
最好通过解答以下几个关键问题来展开本部分的内容：
- 研究的目标或要解决的问题是什么？（这是对引言部分的重述。）例如，每年有大批专业人士离开教学领域；本研究的目标是对提高教师保留率的方案进行实施和评估。
- 为什么研究的目标或解决的问题很重要？（再次对引言部分进行重述。）例如，教师短缺率达到历史最高点；教师在退休前离职会产生高昂的社会、经济和教育成本；显然，制订解决方案来解决以上问题很重要。
- 关于该领域我们知道什么？
- 研究的基础背景是什么？
- 我们对教学中教师的短缺和供求情况了解多少？
- 我们对教师流失的成本了解多少？
- 我们对影响教师流失的因素了解多少？
- 我们对研究的具体背景了解多少？
- 我们对有助于保留教师、减少教师流失的方案了解多少？
- 我们需要掌握哪些内容来增加对该领域的了解、实现研究目标或解决研究问题？
- 你计划如何实现目标或解决问题？

你的工作是说服读者，你将解决一个亟待解决的重要问题。

**2. 我应该从哪里开始着手撰写文献综述？**
开始进行文献综述的最好方法是对将要解决的问题进行阐

释。例如，在美国的学校，学科课程一直是备受关注的问题。尽管针对学科课程的模型研究有很多，但模型的有效性在很大程度上是通过记录教师和其他专业人士的看法来保证的。几乎没有研究对采用系统性学科课程后教师和学生的课堂行为的变化进行记录。本研究的目标是……

**3. 为什么我要在研究计划中包含文献综述版块？不应该把注意力放在研究方法上吗？**

文献综述确定了研究的必要性。它清晰地说明了研究主题下已知和亟待了解的内容。

**4. 文献综述如何结尾？**

文献综述最终可以以总结问题和陈述问题解决办法来结尾。表格是总结文献综述关键结论的一种不错的方式。如果使用表格，请务必在文本中对其进行描述，以使其在这一章中不是独立的部分。文献综述的重点是对重要问题的已知及未知部分进行综合分析；文献综述的最后一部分应聚焦在全面总结上。

## 方法论

**1. 有没有一种简单的形式来表述方法论章节中应包含的内容？**

方法论章节可以被描述为研究人员展示内容的技术地图。它通常包括对调研参与者的描述（调研参与者会回答研究问题）、信息收集的方式（程序）和信息分析部分。这一章写完后，研究人员对研究开展后的预期效果应该非常清晰。

**2. 我应该从哪里开始着手撰写方法论？**

开始方法论章节撰写的最佳方式是重申待解决的问题，这与引言和文献综述章节相同。通过在方法论章节中对问题进行重述，研究人员提供了研究计划中关键部分的逻辑链。

## 内容回顾

1. 大多数案例研究计划中通常包括哪些章节？第一章通常包括什么？第二章、第三章呢？

2. 案例研究计划中的辅助材料有哪几种类型？

## 练习与应用

1. 用于案例研究的研究计划和用于调研公众对国家保健制度的态度的研究计划有何不同？

2. 思考自己的案例研究项目，作为研究生毕业的要求，撰写研究计划的第一步应如何进行以获取研究许可？你的研究计划的第一章、第二章和第三章中会包括哪些内容？

# 第 13 章 发布案例研究

研究人员为了让其他人可以从自己的研究中受益,通常会以多种形式发布研究结果。两种常用的发布方法是在专业会议上与同行和其他利益相关者交流,或在学术期刊上发表。编写一份案例研究成果的正式报告与撰写指导人们研究的研究计划类似。主要的区别在于,在会议上进行分享或在期刊上进行发表的报告,需要研究人员对研究结果进行详尽的介绍,并讨论研究结果的意义。通常,在学术期刊上发表研究成果的正式报告对于许多初学者来说是一项特别艰巨的任务,我们在本章中针对该问题也提出了一些建议。

有意愿发表研究报告的作者应特别注意期刊及其编辑的预期。在特定专业期刊上发表的大多数研究都以类似的格式呈现。因此,往特定期刊投稿的一种不错的方法是先熟悉该期刊文章的风格,然后将该风格应用于自己的文章。

虽然在学术期刊上发表或在学术会议上展示是发布研究结果的典型方式,但通过数字图书馆、电子期刊、电子印刷档案和及时更新的在线互动媒体进行发布,也增加了分享案例研究的机会(Garner、Horwood 和 Sullivan,2001;Jakubowicz,2007;Noruzi,2004)。Web 2.0 技术,如播客、博客、聚合工具(Really Simple Syndication,RSS)、维基百科(Wikis)和社交网站也是共享信息和见解、与他人协作并通过案例研究来获取知识的方式（Alexander，2006；Glotzbach、Mohler 和 Radwan，2009；Glotzbach、Mordkovich 和 Radwan，2008；Rochelle，2009）。虽然大多数非标准出版物中有许多是由同行进行评审的，但有些并不是。然而，获得持续评论、将文本超链接到其他来源、在发布后进行更新和审查的机会，再加上以更低的成本更快、更广泛地曝光的潜力，往往抵消了利用传统媒体进行发布的优势。

无论以何种方式、在哪里发布案例研究结果，都应遵循一些指导原则。通常，在期刊上发表的文章包括引言、方法论介绍、研究结果（可能会辅以图表）、讨论（重点是将工作与现有的文献联系起来），以及研究意义（介绍本研究对研究领域的贡献和对实践的意义）（Spooner、Algozzine、Karvonen 和 Lo，2011）。当然，每部分的内容、重点、长度将随着文章的主旨、受众群体和研究性质的不同而变化。以下各节提供了已发表的文章中通常包含的内容，这将会对你发表案例研究文章有所帮助。

## 引言

文章的引言表明了研究的目的、价值和必要性；也就是说，它描述了对调查主题的了解、研究的必要性、研究的预期结果以及研究结果的重要性。引言部分并非像字面意思一样，而是通常包括对文献的简要回顾，以确定研究的必要性、研究目的和研究的重要性。一个好的引言会让读者清楚地了解研究做了什么以及这样做的原因何在［参见 American Psychological Association（APA）2010，pp. 27-28］。在本部分需要回答以下

几个问题:
- 研究的重点是什么?
- 研究问题和研究设计与研究主题有何关联?
- 这项研究的理论意义是什么?本研究与先前该领域的研究有何关联?
- 待检验的理论命题是什么?如何证明以上命题?

## 方法论

方法论部分详细阐述了研究步骤［参见 American Psychological Association（APA），2010，pp. 17-20］。本部分首先对研究方法进行总述。在正式介绍研究内容前,可以用一系列的问题或语句描述研究目的及研究方法。该描述应为读者提供充分的信息,以评估研究工作的适当性和完整性,以及研究结果的可信性。本部分的目的是向人们提供有助于理解本研究的必要信息。需要注意的是,细节不足会使读者产生疑惑,但过多不相关的信息同样会给读者带来负担。

## 结果

结果部分总结了所收集的信息及其在解决研究问题中的应用［参见 American Psychological Association（APA），2010，pp. 32-35］。主要的研究结果通常应最先呈现,同时附上足够具体的细节来证明首要和次要问题的结论。所有预想到的和未预想到的相关结果都应呈现出来，甚至应包括那些与预想的问题背道而驰的结果。案例研究结果因收集到的信息和分析方法的不同而存在较大差异，因此，在报告的呈现方式上通常具有很大的灵活性（参见 McWilliam，2000）。然而，结果部分应包括对常见或新兴主题的确认、主要调查结果的例外情形及未预料到的研究结果部分。大部分研究结果均已在文中报告，且直接引用了调研参与者的话语或研究案例为研究结果提供支持。某些信息最好以图表的形式进行报告及总结。

在大多数期刊中，一篇文章很少有能包含超过两个或三个图表的空间。引入图表前，要思考其是否包括有助于结果展示的重要信息。使用图表可以提供精准的数值，同时有效展示研究结果。使用图表进行研究结果的总结归纳，相比利用文字来说更有用，特别是当大量的信息因以图表而非文字的形式呈现而得到了精简的时候。然而，如果用图表表示仅用几句话就能表达清楚的信息，则不是个好主意。图表应该扩展而非重复表达文字的意思，应传达重要事实，且不添加无关信息。我们的目标是在展示研究成果时，实现精简的平衡。使用图表时需要在文章中明确提及。图表是对文本的一种补充，它们不是孤立的。我们还应该注意告知读者在图表中应寻找什么信息，并提供充分的解释，以使结果展示易于理解［参见 American Psychological Association（APA），2010，pp. 125-167］。

## 讨论

讨论部分将研究结果与文献联系在一起，使读者超越事实去理解其背后的意义、所提出的问题、所指向的观点以及知识拓展的实际用途和价值。可以通过对原始研究问题对应的研究结果进行陈述，来开启讨论章节。自己与他人研究成果的相似和差异之处，可作为本部分最后一节的理想开头。但是，要注意的是，不要仅仅简单地换种方式表达、重述或重复文章前面的要点。讨论部分应有助于立场的解读，同时强化读者对研究问题的理解。最后，不要过分强调文章的局限性，同时不要对研究结果之外的内容进行泛化推广。推测在满足以下三种情形时，才是有意义的：（1）经确认后确实如此；（2）与研究中收集的信息或讨论的理论密切相关，且具有逻辑关系；（3）简要地表达［参见 American Psychological Association（APA），2010，pp. 35-36］。

## 资源

- 组织

案例研究学会（The Society for Case Research，SCR；www.sfcr.org）；成立于 1978 年，旨在促进思想的交流，从而提升案例研究能力，以及改善写作和教学能力；该学会也协助发布书面报告或案例研究以及其他学术成果；并对在案例研究、写作和教学方面表现优异者给予认可。

- 网站

诺瓦东南大学定性研究网站：tqr.nova.edu/websites。

Qualpage 定性研究资源：www.qualitativeresearch.uga.edu/QualPage。

- 期刊

*Case Research Journal*（nacra.net/case-research-journal/），刊登了实践中以决策为重点的教学案例，案例与行政相关学科有关。

*Journal of Case Studies*（www.ignited.global/journal-case-studies-jcs），刊登了基于决策和基于描述性的案例。基于决策的案例将学生置于决策者的角色中，并要求他们提出有效处理所述情况的建议。描述性案例对真实情况进行描述，之后要求学生对所述情况进行分析、评测和评估。

*Journal of Case Studies in Education*（JCSE，aabri.com/jcse.html），刊登了有关 K-12 及更高等的教育情形下的案例论文。

*Qualitative Research*（QRJ，qrj.sagepub.com），是一份双月刊的同行评议期刊，刊登了定性研究领域的原创研究和评论文章，且聚焦于定性研究的方法多样性和学科多样性。

## 内容回顾

1. 投稿到期刊的案例研究论文通常包括哪些主要章节？
2. 撰写案例研究论文的结果和讨论部分时，需要考虑哪些主要因素？

## 练习与应用

1. 有哪些渠道可以发布案例研究结果？

2. 你如何向专业期刊投稿一篇关于市中心帮派暴力的案例研究论文?

3. 在准备用于出版的案例研究报告时,哪些关键部分要被包括在内?

#　结　语

所有的研究都涉及为个体研究者或研究团队认为重要的问题寻找答案。研究质量取决于研究所采用的方式，而非研究的种类。本书中描述的各个步骤，展现了案例研究过程中的一系列具有代表性的待解决问题。表 E.1 列出了每个步骤及对应的问题。

表 E.1　案例研究的步骤

| 步骤 | 活动 | 待解决的问题 |
| --- | --- | --- |
| 1. | 准备阶段 | ● 你打算研究的问题是什么？<br>● 为何你的研究适合采用案例研究方法？ |
| 2. | 确认已知内容 | ● 关于待研究的内容，我们现已了解到了什么？<br>● 我们还需要知道什么？<br>● 先前的案例研究是否已经解决了与你的研究相同或相似的问题？<br>● 有没有其他类型的研究回答过类似你的研究中的问题？ |
| 3. | 设计选择 | ● 你对探索行为模式、描述过去或现在的情况、描述特定个体的行为特点、描述社会广泛的特质是否有兴趣？<br>● 你对描述个体案例、解释理论或扩展已有的研究领域是否有兴趣？ |
| 4. | 从访谈中获取信息 | ● 你可以通过向别人提问来获得你需要知道的信息吗？<br>● 其他研究人员有通过访谈解决过类似的问题吗？ |

(续表)

| 步骤 | 活动 | 待解决的问题 |
|---|---|---|
| 5. | 从观察中获取信息 | ● 你可以通过观察他人来获得你需要知道的信息吗？<br>● 其他研究人员用观察解决过类似的问题吗？ |
| 6. | 从文档中获取信息 | ● 你可以通过回顾材料、录音或其他类似的资源来获取你需要知道的信息吗？<br>● 其他研究人员通过现有的文档解决过类似的问题吗？ |
| 7. | 信息的总结与解读 | ● 如何提炼收集到的信息以回答研究问题？<br>● 你的研究结果与他人的研究结果有何关联？ |
| 8. | 报告结果 | ● 如何提炼收集到的信息以回答研究问题？<br>● 与他人分享你的研究成果的最简单的形式是什么？ |
| 9. | 确认研究结果 | ● 如何建立对研究结果的信心？<br>● 你的研究对象及相关领域的专家如何看待你的研究结果？<br>● 你的研究结果在多大程度上与其他人的研究结果相关？<br>● 其他研究人员对类似于你的研究中的问题给出了和你相似的回答吗？ |

希望我们的工作可以提升大家做案例研究的热情。

如果你认为确有提升，且愿意与我们分享你的研究成果，我们将倍感荣幸。

道森·R. 汉考克
鲍勃·阿尔戈津
北卡罗来纳大学夏洛特分校
夏洛特，北卡罗来纳 28223-0001
704-687-8863 704-687-1485（传真）
DHancock@uncc.edu

# 词汇表

**偏见**（bias）：阻碍研究人员做出公正判断的偏好或倾向。

**博客**（blog）：个人建立及维护的一个或部分网站，用于记录按时间顺序发布的评论、事件或活动描述及其他内容。

**案例研究**（case study research）：对一个人或群体进行详细分析，尤指对医学、精神病学、心理或社会现象进行分析。

**集体案例研究**（collective case study research）：旨在解决问题，同时为构建理论做出文献贡献的项目。

**论文**（dissertation）：篇幅较长且正式的文章，尤指在大学攻读博士学位的学生所撰写的文章。

**民族志案例研究**（ethnographic case study）：对特定人类文化进行科学描述的研究工作。

**外聘审计员**（external auditor）：是指与研究没有任何直接联系的人，他们会利用提供的信息对流程进行检验。

**历史案例研究**（historical case study）：在随时间的推移而变化的过程中，对事件、程序或组织进行描述。

**假设**（hypothesis）：是对观察、现象或科学问题提出的一种解释，可通过进一步调研对其进行检验。

**工具案例研究**（instrumental case study）：旨在更好地理解理论问题的研究工作。

**访谈（interview）**：一种对话形式，例如由研究人员指导的谈话，谈话内容是从一个主题中引出的事实或陈述。

**访谈指南（interview guide）**：五到六个开放式问题，由研究人员向受访者提出。

**个体案例研究（intrinsic case study）**：专注于了解特定个人、群体、事件或组织的研究，而不是概括广泛的研究结果。

**文献综述（literature review）**：对知名学者和研究人员发表的某一专题的研究文章进行汇总。

**成员核查（member checking）**：将信息反馈给参与者，以便他们能够判断内容的准确性及可信度。

**观察（observation）**：注意和记录某事物的行为，比如使用某些工具记录一种现象。

**观察指南（observation guide）**：特定观察期间记录下来的一系列特征。

**同行评审（peer reviewer）**：帮助研究人员真实地面对研究，并对研究提出具有挑战性的质疑。

**现象（phenomenon）**：观察的特定事件、情况、程序或活动。

**私人记录（private records）**：一些记录个人的信仰、态度和行为等的材料。

**心理学案例研究（psychological case study）**：一项对个人经验及其对于世界的看法进行调研的工作。

**公开记录（public records）**：反映个人以外的信仰、态度和行为的文件。

**定性研究（qualitative research）**：通过非统计学方法或其他非量化方法进行调研。

**定量研究**（quantitative research）：采用统计学方法进行因果测定、预测和调查结果的归纳。

**聚合工具**（Really Simple Syndication，RSS）：一种基于 web 的格式，用于提供经常更新的内容（通常称为"提要"）的来源，如博客条目、全文或摘要文本、音频或视频内容和元数据（例如，发布日期和作者）。

**递归**（recursive）：一个表达式，其中每一项都是在一定的公式中依据前面的项确定的。

**可信度**（reliability）：在不同的临床试验或统计试验中产生相同或相容结果的程度。

**研究设计**（research design）：研究结构的构成元素，用于显示研究项目的所有主要部分——样本或小组、测量方法、处理方式、计划和分配方法——旨在解决核心研究问题。

**社交网站**（social networking site）：一种基于网络的服务，专注于建立和展现会互享共同利益及活动的人们之间的关系。

**社会学案例研究**（sociological case study research）：以群体或个人的结构、发展、互动和集体行为为基础的研究工作。

**调研**（survey）：涉及向受访者提出问题的测量程序，简短的纸笔反馈或一对一的深入访谈都可以。

**记录副本**（transcript）：对口头访谈的记录，一般采用手写、打印或复印的方式进行复制。

**三角互证法**（triangulation）：多种研究方法在同一研究中的应用与结合。

**效度**（validity）：测量方法能够准确测出所需测量事物的程度。

**维基百科**（wiki）：一个可以由集体创建和编辑的百科网站。

# 参考文献

Abramson, P. R. (1992). *A case for case studies*. Thousand Oaks, CA: Sage.

Adler, P. A., & Adler, P. (1991). *Backboards and blackboards: College athletes and role engulfment*. New York: Columbia University Press.

Alexander, B. (2006). Web 2.0: A new wave of innovation for teaching and learning? *EDUCAUSE Review, 41*(2), 33–34.

American Psychological Association (APA). (2010). *Publication manual of the American Psychological Association* (6th ed.). Washington, DC: Author.

Asmussen, K. J., & Creswell, J. W. (1995). Campus response to a student gunman. *Journal of Higher Education, 66*(5), 575–591.

Association for Educational Communication and Technology (AECT). (2001). *Criteria for evaluating qualitative studies*. Bloomington, IN: Author. Retrieved from www.aect.org/edtech/ed1/40/40-06.html

Benton-Kupper, J. (1999). Teaching in the block: Perceptions from within. *High School Journal, 83*, 26–35.

Benton-Kupper, J. (1999a). Can less be more? The quantity versus quality issue of curriculum in a block schedule. *Journal of Research and Development in Education, 32*(3), 168–177.

Benton-Kupper, J. (1999b). Teaching in the block: Perceptions from within. *High School Journal, 83*, 26–35.

Berg, B. L. (2004). *Qualitative research methods for the social sciences* (5th ed.). New York: Pearson Education.

Berg, B. L. (2008). *Qualitative research methods for the social sciences* (7th ed.). Boston, MA: Allyn & Bacon.

Berg, B. L. (2011). *Qualitative research methods for the social sciences* (8th ed.). Boston, MA: Allyn & Bacon.

Bloom, B. S. (1984). *Taxonomy of educational objectives*. Boston, MA: Pearson.

Bogdan, R. C., & Biklen, S. K. (2003). *Qualitative research in education: An introduction to theories and methods* (4th ed.). New York: Allyn & Bacon.

Bogdan, R. C., & Biklen, S. K. (2006). *Qualitative research in education: An introduction to theories and methods* (5th ed.). New York: Allyn & Bacon.

Bond, L. B., Jaeger, R., Smith, T., & Hattie, J. (2001). Defrocking the National Board: The certification system of the National Board for Professional Teaching Standards. *Education Matters, 1*(2), 79–82.

Chubbuck, M. S., & Zembylas, M. (2008). Socially just teaching: A case study of a novice urban schoolteacher. *American Educational Research Journal, 45*(2), 274–318.

Clark, G. K. (1967). *The critical historian*. Portsmouth, NH: Heinemann.

Chen, A. C., & Rhoads, R. (2016). Undocumented student allies and transformative resistance: An ethnographic case study. *The Review of Higher Education*, 39(4), 514–542.

Cobb, A. K., & Hagemaster, J. N. (1987). Ten criteria for evaluating qualitative research proposals. *Journal of Nursing Education*, 26(4), 138–143.

Conklin, H. G. (2009). Purposes, practices, and sites: A comparative case of two pathways into middle school teaching. *American Educational Research Journal*, 46, 463–500.

Creswell, J. W. (2002). *Educational research: Planning, conducting, and evaluating quantitative and qualitative research*. Upper Saddle River, NJ: Prentice Hall.

Creswell, J. W. (2005). *Educational research: Planning, conducting, and evaluating quantitative and qualitative research* (2nd ed.). Upper Saddle River, NJ: Prentice Hall.

Creswell, J. W. (2007). *Educational research: Planning, conducting, and evaluating quantitative and qualitative research* (3rd ed.). Upper Saddle River, NJ: Prentice Hall.

Creswell, J. W. (2012). *Educational research: Planning, conducting, and evaluating quantitative and qualitative research* (4th ed.). Boston, MA: Allyn & Bacon.

Creswell, J. W. (2015). *Educational research: Planning, conducting, and evaluating quantitative and qualitative research, loose-leaf version* (5th ed.). New York: Pearson.

Crudden, A. (2002). Employment after vision loss: Results of a collective case study. *Journal of Visual Impairment and Blindness*, 96(9), 615–621.

Currie, B. J. (2016). Black identity masked by "whiteness": A case study on blacks competing in tennis at the division I level. (Doctoral dissertation). Retrieved from ProQuest Dissertations and Theses. (Order No. 10090253)

D'Emidio-Caston, M., & Brown, J. H. (1998). The other side of the story: Student narratives on the California Drug, Alcohol, and Tobacco Education programs. *Evaluation Review*, 22(1), 95–117.

Denzin, N. K., & Lincoln, Y. S. (2011). *The sage handbook of qualitative research*. (4th ed.). Los Angeles, CA: Sage.

Dereshiwsky, M. (1999). *"Believe it or not": Evaluating the credibility of qualitative studies*. Retrieved from jan.ucc.nau.edu/~mid/edr725/class/makingsense/credibility/reading5-3-1.html

Dickey, M. D. (2005). Three-dimensional virtual worlds and distance learning: Two case studies of Active Worlds as a medium for distance education. *British Journal of Educational Technology*, 36, 439–451.

Dickey, M. D. (2005). Three-dimensional virtual worlds and distance learning: Two case studies of Active Worlds as a medium for distance education. *British Journal of Educational Technology*, 36, 439–451.

Driessen, E. W., Van der Vleuten, C. P. M., Van Tartwijk, J., & Vermunt, J. (2005). The use of qualitative research criteria for portfolio assessment as an alternative to reliability evaluation: A case study. *Medical Education*, 39(2), 214–220.

Ely, M., Anzul, M., Friedman, T., Garner, D., & Steinmetz, A. C. (1991). *Doing qualitative research: Circles within circles*. New York: Falmer.

Erlandson, D. A., Harris, E. L., Skipper, B. L., & Allen, S. D. (1993). *Doing naturalistic inquiry: A guide to methods*. Newbury Park, CA: Sage.

Flinders, D. J., & Mills, G. E. (1993). *Theory and concepts in qualitative research*. New York: Teachers College Press.

Galvan, J. L. (1999). *Writing literature reviews: A guide for students of social and behavioral sciences*. Los Angeles, CA: Pyrczak.

Galvan, J. L. (2009). *Writing literature reviews: A guide for students of social and behavioral sciences* (4th ed.). Los Angeles, CA: Pyrczak.

Gardner, H. (1999). *Intelligence reframed: Multiple intelligences for the 21st century*. New York: Basic Books.

Garner, J., Horwood, L., & Sullivan, S. (2001). The place of eprints in scholarly information delivery. *Online Information Review, 25*(4), 250–253. Retrieved from eprints.unimelb.edu.au/archive/00000200/

Glaser, B. G., & Strauss, A. L. (1967). *The discovery of grounded theory: Strategies for qualitative research*. Chicago: Aldine.

Glesne, C. (2010). *Becoming qualitative researchers: An introduction* (4th ed.). Upper Saddle River, NJ: Prentice Hall.

Glesne, C. (2015). *Becoming qualitative researchers: An introduction* (5th ed.). New York, NY: Pearson.

Glesne, C., & Peshkin, A. (2015). *Becoming qualitative researchers: An introduction* (5th ed.). Upper Saddle River, NJ: Prentice Hall.

Glotzbach, R. J., Mohler, J. L., & Radwan, J. E. (2009). Really Simple Syndication (RSS): An educational approach. *Journal of Interactive Media in Education*. Retrieved from jime.open.ac.uk/2009/03

Glotzbach, R. J., Mordkovich, D. A., & Radwan, J. E. (2008). Syndicated RSS feeds for course information distribution. *Journal of Information Technology Education, 7*, 163–183.

Grenier, R. S. (2010). Now this is what I call learning! A case study of museum-initiated professional development for teachers. *Adult Education Quarterly, 60*, 499–516.

Hale, A., Gerono, J. S., & Morales, F. (2007). Transformative education for culturally diverse learners through narrative and ethnography. *Teacher and Teaching Education, 24*(6), 1413–1425.

Hatch, J. A. (2002). *Doing qualitative research in education settings*. Albany: State University of New York Press.

Herbert, E., & Worthy, T. (2001). Does the first year of teaching have to be a bad one? A case study of success. *Teaching and Teacher Education, 17*, 897–911.

Hook, D. (2003). Reading Geldenhuys: Constructing and deconstructing the Norwood killer. *South African Journal of Psychology, 33*(1), 1–9.

Horn, E., Lieber, J., Li, S., Sandall, S., & Schwartz, I. (2000). Supporting young children's IEP goals in inclusive settings through embedded learning opportunities. *Topics in Early Childhood Education, 20*(4), 208–224.

Howe, K., Eisenhart, M., & Betebenner, D. (2002). The price of public school choice. *Educational Leadership, 59*(7), 20–24.

Hughes, M. (1998). Turning points in the lives of young inner-city men forgoing destructive criminal behaviors: A qualitative study. *Social Work Research, 22*(3), 143–151.

Jakubowicz, A. (2007). Bridging the mire between e-research and e-publishing for multimedia digital scholarship in the humanities and social sciences: An Australian case study. *Webology, 4*(1). Retrieved from www.webologyorg/2007/v4n1/a38.html

Johnson, V. C. (2002). *Power in the suburbs: The myth or reality of African-American suburban political incorporation*. Albany: State University of New York Press.

Kalnins, Z. G. (1986). *An exploratory study of the meaning of life as described by residents of a long-term care facility* (Project proposal). Peabody College of Vanderbilt University, Nashville, TN.

Kincannon, J. M. (2002, April). *From the classroom to the web: A study of faculty change*. Paper presented at the annual meeting of the American Educational

Research Association, New Orleans, LA. Retrieved from ERIC database. (ED467096)

Ladany, N., O'Brien, K. M., Hill, C. E., Melincoff, D. S., Knox, S., & Peterson, D. A. (1997). Sexual attraction toward clients, use of supervision, and prior training: A qualitative study of pre-doctoral psychology interns. *Journal of Counseling Psychology*, 44, 413–424.

Lancy, D. F. (1993). *Qualitative research in education: An introduction to the major traditions*. White Plains, NY: Longman.

Lankard, A., & McLaughlin, W. J. (2003). Marketing an environmental issue: A case study of the Wilderness Society's core messages to promote national forest conversation from 1964 to 2000. *Society and Natural Resources*, 16(5), 415–434.

LeCompte, M. D., & Preissle, J. (1993). *Ethnography and qualitative design in educational research* (2nd ed.). San Diego, CA: Academic Press.

Lee, S.-H., Lee, J., Liu, X., Bonk, C. J., & Magjuka, R. J. (2009). A review of case-based learning practices in an online MBA program: A program-level case study. *Educational Technology & Society*, 12, 178–190.

Lehmann, J. P. (1998). Mothers' roles: A comparison between mothers of adolescents with severe disabilities and mothers of vocational students. *Career Development for Exceptional Individuals*, 21(2), 129–143.

Lincoln, Y. S., & Guba, E. G. (1991). *Naturalistic inquiry* (8th ed.). Beverly Hills, CA: Sage.

Lodge, C. (2005). From hearing voices to engaging in dialogue: Problematising student participation in school improvement. *Journal of Educational Change*, 6(2), 125–146.

Marshall, C. (1981). Organizational policy and women's socialization in administration. *Urban Education*, 16(2), 205–231.

Marshall, C. (2004). Social justice challenges to educational administration: Introduction to a special issue. *Educational Administration Quarterly*, 40(3), 3–13.

Marshall, C., & Rossman, G. B. (1999). *Designing qualitative research* (3rd ed.). Thousand Oaks, CA: Sage.

Marshall, C., & Rossman, G. B. (2010). *Designing qualitative research* (5th ed.). Thousand Oaks, CA: Sage.

Marshall, C., & Rossman, G. B. (2015). *Designing qualitative research* (6th ed.). Thousand Oaks, CA: Sage.

Mason, J. (2002). *Qualitative researching* (2nd ed.). Thousand Oaks, CA: Sage.

McCormick, S. (1994). A non-reader becomes a reader: A case study of literacy acquisition by a severely disabled reader. *Reading Research Quarterly*, 29(2), 157–176.

McSkimming, Y. R. (2016). *Virtual volunteering in social service non-profit organizations: A case study* (Doctoral dissertation). Retrieved from ProQuest Dissertations and Theses. (Order No. 10095802)

McWilliam, R. A. (2000). Reporting qualitative studies. *Journal of Early Intervention*, 23(2), 77–80.

Merriam, S. B. (1988). *Case study research in education: A qualitative approach*. San Francisco, CA: Jossey-Bass.

Merriam, S. B. (2001). *Qualitative research and case study applications in education* (Rev. ed.). San Francisco, CA: Jossey-Bass.

Merriam, S. B., & Tisdell, E. J. (2015). *Qualitative research: A guide to design and implementation* (4th ed.). San Francisco, CA: Jossey-Bass.

Miles, M. B., & Huberman, A. M. (1994a). *Qualitative data analysis: An expanded sourcebook* (2nd ed.). Thousand Oaks, CA: Sage.
Miles, M. B., & Huberman, A. M. (1994b). *Qualitative information analysis: A sourcebook of new methods* (2nd ed.). Thousand Oaks, CA: Sage.
Miles, M. B., & Huberman, A. M. (2002). *The qualitative researcher's companion.* London, England: Sage.
Miller, A. I. (2016). *A case study of middle school student, parent, and teacher perceptions of a peer mentoring program* (Doctoral dissertation). Retrieved from ProQuest Dissertations and Theses. (Order No. 10017546)
Mueller, A., & Fleming, T. (2001). Cooperative learning: Listening to how children work at school. *Journal of Educational Research, 94,* 259–265.
Narushima, M. (2004). A gaggle of raging grannies: The empowerment of older Canadian women through social activism. *International Journal of Lifelong Education, 23*(1), 23–42.
Noruzi, A. (2004). Introduction to Webology. *Webology, 1*(1). Retrieved from www.webology.ir/2004/v1n1/a1.html
Pan, C., & Thompson, K. (2009). Exploring dynamics between instructional designers and higher education faculty: An ethnographic case study. *Journal of Educational Technology Development and Exchange, 2*(1), 33–52.
Patton, M. Q. (1980). *Qualitative evaluation methods.* Beverly Hills, CA: Sage.
Patton, M. Q. (1990). *Qualitative evaluation and research methods* (2nd ed.). Newbury Park, CA: Sage.
Patton, M. Q. (2001). *Qualitative research and evaluation methods* (3rd ed.). Thousand Oaks, CA: Sage.
Patton, M. Q. (2008). *Utilization-focused evaluation* (4th ed.). Thousand Oaks, CA: Sage.
Patton, M. Q. (2014). *Qualitative research and evaluation methods: Integrating theory and practice* (4th ed.). Thousand Oaks, CA: Sage.
Peterson, J. S. (2014). Giftedness, trauma, and development: A qualitative, longitudinal case study. *Journal for the Education of the Gifted, 37*(4), 295–318.
Place, A. W., & Wood, G. S. (1999). A case study of traditionally underrepresented individuals' experiences in a doctoral program. *Journal for a Just and Caring Education, 5*(4), 442–456.
Preis, D. P. (2016). *An exploration of the experiences of a group of school leaders undertaking a systemic effort to eliminate the achievement gap in their high-performing suburban district* (Doctoral dissertation). Retrieved from ProQuest Dissertations and Theses. (Order No. 10061192)
Rhoads, R. A. (1998). In the service of citizenship: A study of student involvement in community service. *Journal of Higher Education, 69*(3), 277–297.
Rice-Lively, M. L. (1995). *Research proposal evaluation form: Qualitative methodology.* Retrieved from www.gslis.utexas.edu/~marylynn/qreval.html
Rochelle, N. A. (2009). To blog or not to blog? *School Administrator, 66*(7), 17–19.
Rossman, G. B. (1985, April). *Studying professional cultures in improving high schools.* Paper presented at the annual meeting of the American Educational Research Association, Chicago, IL. Retrieved from ERIC database. (ED256743)
Rossman, G. B., Corbett, H. D., & Firestone, W. A. (1984). *Plan for the study of professional cultures in improving high schools.* Philadelphia, PA: Research for Better Schools.
Salamon, S. (2003). From hometown to non-town: Rural community effects to suburbanization. *Rural Sociology, 68*(1), 1–24.

Seidman, I. (2012). *Interviewing as qualitative research: A guide for researchers in education and the social sciences* (4th ed.). New York: Teachers College Press.

Soy, S. K. (1997). *The case study as a research method*. Unpublished manuscript, University of Texas at Austin. Retrieved from www.gslis.utexas.edu/~ssoy/usesusers/l391d1b.htm

Spooner, F., Algozzine, B., Karvonen, M., & Lo, Y. (2011). *How to prepare a research article in APA style* (2nd ed.) Arlington, VA: Council for Exceptional Children.

Stake, R. (1995). *The art of case study research*. Thousand Oaks, CA: Sage.

Stine, D. E. (1998). A change in administration: A significant organizational life event (Report No. EA029296). *Educational Management*. (ERIC Document Reproduction Service No. ED425509)

Thomas, W. I., & Znaniecki, F. (1927). *The Polish peasant in Europe and America*. New York: Knopf.

Thorne, B. (1993). Political activists as participant observer: Conflicts of commitment in a study of the draft resistance movement of the 1960s. In R. Emerson (Ed.), *Contemporary field research: A collection of readings* (pp. 216–234). Prospect Heights, IL: Waveland.

Utsey, S. O., Howard, A., & Williams, O. (2003). Therapeutic group mentoring with African American male adolescents. *Journal of Mental Health Counseling, 25*(2), 126–139.

Varma, R. (2002). Women in information technology: A case study of undergraduate students in a minority-serving institution. *Bulletin of Science, Technology & Society, 22*(4), 274–282.

Wolcott, H. F. (1973). *The man in the principal's office: An ethnography*. Austin, TX: Holt, Rinehart, and Winston.

Yang, S. C., & Liu, S. F. (2004). Case study of online workshop for the professional development of teachers. *Computers in Human Behavior, 20*, 733–761.

Yin, R. K. (1994). *Case study research: Design and methods* (2nd ed.). Thousand Oaks, CA: Sage.

Yin, R. K. (2003). *Case study research: Design and methods* (3rd ed.). Thousand Oaks, CA: Sage.

Yin, R. K. (2009). *Case study research: Design and methods* (4th ed.). Thousand Oaks, CA: Sage.

Yin, R. K. (2014). *Case study research: Design and methods* (5th ed.). Thousand Oaks, CA: Sage.

# 推荐阅读书目及说明

以下是一份书单,这些书籍至少涉及与案例研究有关的一部分内容,每篇引文都配有一个简短的说明,该说明提供了相应的附加信息(例如,作者的观点、案例研究在内容上的代表性)。我们在挑选参考书目时遵循了以下原则:

1. 我们选择的是那些包含对开展案例研究有用信息的参考书目(例如,关于做研究的通用书籍、定性研究和案例研究的书籍)。

2. 我们对每本书都进行了核实,以确认这些是对案例研究表达了多角度观点的书籍。

3. 我们提供了每本书的文献索引,并为每本书都写了一个说明,该说明反映了该书的中心主题,以及它内含的案例研究知识。

Bassey, M. (1999). *Case study research in educational settings*. Philadelphia, PA: Open University Press.

该书的目的是重建教育案例研究的概念,并将其作为发展教育理论的主要策略,以阐明教育政策并加强教育实践。该书对那些打算采用案例研究方法调研教育问题的研究人员来说是有帮助的。它为案例研究作为教育研究的工具提供了新的视角。教育领域的案例研究通常分为以下几类：理论探索、理论检验、叙事、画图和可评估的案例研究。该书的独特之处是作者对"模糊泛化"的倡导，同时，他认为，在任何情况下，由于在教育领域的许多研究中涉及的问题都具有复杂性，因此定性的模糊泛化的概述比明确阐明主张更真实、合适。该书广泛使用研究案例，也显示出了案例研究方法的潜力，以及表明了建立及开展案例研究工作的实践意义。

Berg, B. L. (2011). *Qualitative research methods for the social sciences* (8th ed.). New York, NY: Pearson Education.

该书为那些对定性研究方法感兴趣，但不知道如何开展的人提供了指引。该书的主要目的是指导经验不足的研究人员有效地收集、组织和分析定性信息。它还试图通过解决主流的数据收集及使用问题（何时及如何使用），来揭开案例研究的神秘面纱。研究初学者将学习到案例研究的具体操作流程，并慢慢地适应该方法，直到对操作这一研究过程感到舒适和放松。读者在不知道该如何处理信息的情况下，就无法收集资料。从本质上讲，该书的目的是让研究初学者学会如何收集、组织和分析信息，并将结果呈现给学界。该书还附有相关讨论网站及其网址，作为补充的相关文献和定性研究工具。此外，阅读该书时，经验丰富的研究人员将会在传统观点外发现一些有趣的观点和讨论。该书也对最新研究的最佳实践方式以及相关技术工具进行了探讨。

Bogdan, R. C., & Biklen, S. K. (2006). *Qualitative research in education: An introduction to theories and methods* (5th ed.). New York, NY: Allyn & Bacon.

该书介绍了教育领域中定性研究的使用方式，考察了其理论和历史基础，并回顾了开展研究的具体方法。该书主要是为研究初学者提供帮助，但也为有经验的研究人员提供了指引。该书以案例研究的具体流程顺序进行撰写，因此，当学生阅读到定性研究特定阶段的内容时，他们会有一种正在从事案例研究的感觉。

Creswell, J. W. (2012). *Qualitative inquiry and research design: Choosing among five approaches* (3rd ed.). Thousand Oaks, CA: Sage.

该书认为，定性方法有很多种，同时每种方法的设计也都有其各自的特点。该书试图回答"定性研究方法是如何塑造研究设计的"这一问题。撰写该书的原因如下：首先，那些进行定性研究的人对于该研究方法的主要内容或基本元素并不完全了解。其次，进行定性研究的人需要考虑不同定性研究方法之间的差异。再次，目前还没有其他书籍对研究方法与研究设计之间的关系进行讲解。最后，对于在特定方法或社会化上接受过培训的人来说，这种比较分析可以扩大他们采用调查方法的范围，并鼓励他们寻找替代方法。该书认为，读者应该了解五种定性研究方法，以及如何将最合适的方法应用到自己的研究过程中。该书所涉及的讨论难度适用于高年级学生和研究生。该书的新版本中更新了研究文章，并讨论了新的数据收集方法。此外，还对研究过程的不同阶段衍生出的一些伦理问题展开了讨论。

Creswell, J. W. (2014). *Educational research: Planning, conducting, and evaluating quantitative and qualitative research* (5th ed.). Upper Saddle River, NJ: Prentice Hall.

指导该书的逻辑链有两条。首先，它假定研究流程是连续的，而不是由孤立的、无关的概念和想法组成的。其次，该书认为，当前的教育研究人员需要一系列的方法和工具来研究教育领域的复杂问题。该书是首部为教育研究提供了一个真正平衡、包容和综合性的介绍的书籍。该书对定量、定性方法及二者混合的方法进行了全面和准确的介绍，以帮助读者更好地理解研究文章。此外，该书始终从定量和定性两个角度检验研究的基础问题。该方法可以帮助学生理解这些方法之间的基本差异和相似之处。

Denzin, N. K., & Lincoln, Y. S. (Eds.). (2003). *The landscape of qualitative research: Theories and issues.* Thousand Oaks, CA: Sage.

该书是 *Handbook of Qualitative Research* 三卷册学生/课堂版本的一部分，旨在帮助读者开启研究工作并获取新的研究思想。该书从广泛的理论角度来审视研究领域，并从定性研究方法的广度和性质角度出发，对如何开展定性研究给予了广泛的指导，并通过对研究方法详细的讨论和比较，对其历史进程、多样性和未来发展进行了概述。这不是一本关于具体操作程序和方法的书。人们一致认为，这种改编在教学和经济效益上都很有意义。该书大小适中、组织合理、价格合适，同时在书籍末尾附有推荐书目，可供课堂使用。

Gillham, B. (2002). *Case study research methods.* New York, NY: Continuum.

该书适合在现实环境中进行小规模研究的研究人员使用，且研究人员无须事先了解研究方法方面的知识。该书背后的思维逻辑反映了过去15年社会科学研究方法的一个重大转变：从强调演绎理论检验的自然科学方式,到承认这种要求在社会科学中往往是非必要也行不通的。不过,该书鼓励读者不要放弃实证的、基于证据的研究传统,而是要努力聚焦于更可能得出真实结论的研究方式。

Lyne, L. S. (2012). *A cross section of educational research: Journal articles for discussion and evaluation* (5th ed.). Los Angeles, CA: Pyrczak.

该书是为那些正在学习如何评估已发表的教育研究文献的学生而设计的。它包含从各种研究期刊中抽取出来的文章。这些文章的设计简明,同时运用了统计学的基本原理。每篇文章都讨论了任课教师感兴趣的话题。此外,文章还对多种研究方法进行了阐述。这些文章是从大量不同的期刊中抽取出来的,因此可以帮助学生了解更广泛的教育研究。此外,为了引发学生们的讨论,每篇文章后都设有三类问题:事实问题、讨论问题和质量评价问题。该书的新版本中,作者增加了13篇文章,以保持研究的前沿性。

Maxwell, J. A. (2013). *Qualitative research design: An interactive approach* (3rd ed.). Thousand Oaks, CA: Sage.

该书旨在提供有关如何设计定性研究的建议。该书涵盖了定性研究人员的真实工作写照,同时为那些首次开展案例研究的研究人员提供了支持和指导。该书提供了便于读者理解且细致的案例研究设计步骤指南:确立研究内容、构建理论框架、开发研究问题、明确信息收集的策略和方法、确定对可能威胁结论有效性的内容的处理方式。作者展示了研究设计各部分关联互动的方式,并为建立各部分间连贯且可管理的关系网络提出建议,同时还强调了关键的研究问题。因为研究设计有助于提升研究的逻辑性和连贯性,所以相较于研究计划的撰写,研究设计更为重要。该书包含了动手实践的具体操作方法,因此,为了使该书发挥最大的作用,读者最好正在开展案例研究工作,以便于理论和实践的结合。

Merriam, S. B. (1998). *Qualitative research and case study applications in education.* San Francisco, CA: Jossey-Bass.

该书重点聚焦于定性研究的实际应用问题,这使其在有关定性研究的各种文章中独树一帜。该书可供那些只对一般定性研究感兴趣的人使用,也可为那些正在开展案例研究的研究人员提供帮助。该书的另一个特点是关注案例研究的实际操作方法,使其以简单、直接的方式呈现出来。该书的主题包括设计定性研究、收集和分析信息以及编写研究报告。它们以较有逻辑性的形式呈现出来,同时各部分又有详细的说明,以帮助研究人员获得其想要的指导。该书的目标读者是教育领域中那些对定性研究感兴趣,甚至正在进行定性研究的教师、研究人员和研究生。

Merriam, S. B., & Tisdell, E. J. (2015). *Qualitative research: A guide to design and implementation* (4th ed.). San Francisco, CA: Jossey-Bass.

该书对初学者和有经验的研究人员来说都适用,书中提供了设计、执行、展示案例研究过程的详细指引。作者根据自己所掌握的技术、资源和战略知识,就如何在以下几个方面打下坚实的基础提供了建议和指导：定性研究的理论和应用、设计和开展研究、研究成果的展示。书中附有论文及授权申请书的模板，以及该领域的最新文献。

Seidman, I. (2012). *Interviewing as qualitative research: A guide for researchers in education and the social sciences* (4th ed.). New York, NY: Teachers College Press.

访谈是许多类型的案例研究文章的一个标志。该书将深入的访谈作为研究方法，提供了有关深度访谈（研究方法之一）的步骤指引，同时将研究方法和技术与定性研究中更广泛的问题联系了起来。该书围绕着现象学方法进行深度访谈，概述了通过采用这一方法实现研究目标的过程。该书对跨种族和族裔群体的访谈方法进行了讨论，并增加了一个新的章节，对母语不是英语的"精英"和参与者进行了访谈。作者提供了相关的互联网资源，帮助读者选取有助于案例研究的相关信息。此外，作者还介绍了计算机程序的优缺点，以及利用其分析定性研究信息的优缺点。

Stake, R. E. (1995). *The art of case study research.* Thousand Oaks, CA: Sage.

该书简短且易于阅读，旨在介绍一种严格的、有关单一案例的定性研究方法。该书对自然主义、整体主义、民族志、现象学和传记案例研究的观点进行了回顾，并对如何将案例研究方法应用于单一案例研究提供了指导，包括确定研究问题、收集信息、分析和解读信息、了解研究人员的角色、应用三角互证法和撰写报告。该书中的具体案例都附有解析，包括芝加哥一所小学在学校改革中的评估报告的全文。该书的独特之处在于它对某一特定的案例研究方法进行了介绍。

Travers, M. (2001). *Qualitative research through case studies*. Thousand Oaks, CA: Sage.

作者认为,关于"方法"的文章中,几乎没有对方法与方法论的区别进行解释的。若想达到更高的研究标准,研究人员必须思考和撰写"方法论"的有关内容。研究人员要想精通定性研究方法,就需要了解经典研究中的方法论基础,同时在自己的研究工作中模仿应用。因此,该书主要对一些经典的或具有示范性的研究进行总结,同时回顾了大量先前的案例研究文献,展示了开展案例研究的多种方式。该书的主要目的是介绍案例研究人员群体,帮助读者了解研究人员的研究目标及其进行社会科学研究的具体方法。

Yin, R. K. (2013). *Case study research: Designs and methods* (5th ed.). Thousand Oaks, CA: Sage.

该书的目的是指导研究人员和学生进行严谨的案例研究。该书有几个独特之处:首先,该书对案例研究方法进行了全面的介绍;其次,该书重视案例研究的设计和分析,这与传统式的仅对信息收集进行介绍有所不同。现有文献对前两个主题的关注太少,这给那些开展案例研究的人带来了很大的挑战。该书参考了许多领域的案例研究文献以说明其要义。该书的最新版本以富有深度和广度的七大教程的形式对其中心议题进行了深度讨论。

Yin, R. K. (2011). *Applications of case study research* (3rd ed.). Thousand Oaks, CA: Sage.

作为 *Case Study Research* 的配套书籍，Robert Yin 介绍了许多有关各种主题的完整案例研究，并阐述了具体的方法和原则。该书旨在提供更多的信息来改进研究方法，同时提供了具体案例，以说明开展案例研究的重要性。该书所选的案例研究都遵循了案例研究的稳健性原则，反映了从研究设计到研究报告的整个过程。该书涵盖了对机构和组织现象的融合，以及对教育、执法、公共卫生、经济发展和职业培训领域的关注，以便确定案例研究过程中遇到的问题，并提出解决问题的办法。

Yin, R. K. (2016). *Quantitative research from start to finish* (2nd ed.). New York: Guilford Press.

该书通过易于阅读的插图方式，展示了其他研究人员成功开展定性研究的特定流程，以此来帮助读者理解定性研究。作者采用了定性研究中的适应性方法，提供了多种程序和方法选择，允许读者自定义定性研究过程。